GOIÁS

Empreendedoras de Alta Performance de

Coordenação: Andréia Roma,
Gerdane Brito, Gláucia Yoshida
e Ludimila Estulano

Editora Leader

Copyright© 2019 by Editora Leader
Todos os direitos da primeira edição são reservados à Editora Leader

Os artigos publicados nesta obra refletem a experiência e o pensamento de cada coautora, não havendo necessariamente relação direta ou indireta, de aceitação ou concordância, com as opiniões ou posições das demais convidadas.

Diretora de projetos:	Andréia Roma
Revisão:	Editora Leader
Capa:	Paulo Seccomandi e Roberta Regato
Projeto gráfico e editoração:	Editora Leader
Livrarias e distribuidores:	Liliana Araújo
Atendimento:	Rosângela Barbosa
Gestora de relacionamento:	Juliana Correia
Organização de conteúdo:	Tauane Cezar e Milena Mafra
Diretor financeiro:	Alessandro Roma

Dados Internacionais de Catalogação na Publicação (CIP)
Bibliotecária responsável: Aline Graziele Benitez CRB-1/3129

E46 Empreendedoras de alta performance de Goiás /
1. ed. [Coord.] Andréia Roma...[et al.] – 1 ed. – São Paulo: Leader, 2019.

ISBN: 978-85-5474-070-2

1. Empreendedorismo feminino. 2. Autobiografia.

I. Roma, Andréia. II. Brito, Gerdane. III. Yoshida, Gláucia.
IV. Estulano, Ludimila. V. Título.

CDD 658.314

Índices para catálogo sistemático:
1. Empreendedorismo feminino
2. Autobiografia

2019
Editora Leader Ltda.

Escritório 1:	Escritório 2:
Depósito de Livros da Editora Leader	Av. Paulista, 726 – 13° andar, conj. 1303
Rua Nuto Santana, 65, sala 1	São Paulo – SP – 01310-100
São Paulo – SP – 02970-000	

Contatos:
Tel.: (11) 3991-6136
contato@editoraleader.com.br | www.editoraleader.com.br

Conheça a Coletânea Empreendedoras de Alta Performance

■ O que é a Coleção?

Um projeto ambicioso e pioneiro no mundo com abrangência nacional: até 2021 pretendemos lançar 27 livros, um de cada Estado brasileiro, com a trajetória de empreendedoras de alta performance. Idealizado por uma empreendedora no mundo editorial, a CEO da Editora Leader, Andréia Roma, que tem como propósito compartilhar as histórias de mulheres de todo o Brasil, criando com isso uma conexão onde todas terão o mesmo objetivo, que é vestir a camisa do seu Estado e valorizar o feminino através de suas próprias histórias de vida, que ficarão marcadas para as gerações futuras.

Nossa visão é ampliar o networking de cada uma das mulheres que participam como coautoras da obra, proporcionando maior visibilidade no setor que representaram em seu Estado, através de suas histórias.

Nossa missão é atravessar fronteiras para reunir em vários livros mulheres determinadas, ousadas, que venceram dentro do seu setor, registrando seus exemplos e fortalecendo a autoestima e confiança de futuras jovens que terão a obra como inspiração.

Nossos valores neste projeto são conduzir as obras para que se tornem um marco cultural a partir da ideia de que, proporcionando às mulheres brasileiras se expressarem em seus setores, possamos inspirar nossa juventude através dos aprendizados e lições de vida que elas compartilham.

Nossa responsabilidade social neste projeto, além de contar as histórias de mulheres de todo o Brasil que estão fazendo a diferença em suas áreas, é levantar a bandeira da responsabilidade social no âmbito do empreendedorismo feminino, e assim apoiar o próximo com um olhar de amor sem julgamento.

Na noite de lançamento de cada volume desta coleção nas livrarias serão repassados 10% das vendas para uma instituição local indicada pelas coautoras.

Uma obra de arte em cada Capa

Cada uma das capas em cada Estado terá a assinatura de um artista escolhido pela Editora Leader, pois acreditamos que uma obra é arte e por isso se perpetua por várias gerações. Valorizamos assim não só as coautoras como também o olhar a arte e a sensibilidade de artistas brasileiros.

O primeiro volume de nossa coleção, *Empreendedoras de Alta Performance – Mulheres como você contando suas estratégias*, teve a capa inspirada em Amélia Earhart e desenhada por Eduardo Kobra, artista que começou sua carreira como pichador artístico, depois se tornou grafiteiro e hoje se considera um muralista.

Outro exemplo de artista que esbanja talento e nos dá a honra de assinar as capas de nossas obras é W. Veríssimo. Ele desenhou as capas de *Empreendedoras de Alta Performance do Mato Grosso do Sul* e *Empreendedoras de Alta Performance Rio de Janeiro*. Natural de Franca/SP, é artista plástico, professor de artes, graduado pela Universidade de Franca/SP, diretor da escola de arte W. Veríssimo, também em Franca. Já realizou e participou de diversas exposições, no Brasil e no Exterior.

Paulo Seccomandi também nos brinda com sua criatividade e assina a capa de *Empreendedoras de Alta Performance de Goiás*. Ele começou a sua carreira na década de 90, como ilustrador. Após inovar e escolher outros espaços para expor, como pranchas de surf, jet-ski, capacetes, móveis, imóveis, as paredes simplesmente se tornaram uma espécie de tela em branco para Seccomandi.

Sobre a Editora Leader e a idealização do Projeto Empreendedoras de Alta Performance Nacional

Muitas mulheres, ao receberem o convite para participarem deste projeto, me diziam que não se viam como empreendedoras, e você ao ler este texto também pode achar o mesmo. Mas deixe que eu lhe conte algo importante: a palavra **Empreendedorismo** significa empreender, resolver um problema ou situação complicada.

Empreender é também **agregar valor**, saber **identificar oportunidades** e transformá-las. O conceito de empreendedorismo foi utilizado inicialmente pelo economista Joseph Schumpeter, em 1950, e é essencial nas sociedades em todos os setores, pois é através dele que empresas e pessoas buscam a inovação, preocupam-se em transformar conhecimentos. Eu respondia para as convidadas, quando elas diziam não serem empreendedoras, o seguinte: "Dentro da sua área quantas pessoas já influenciou? Dentro de sua área quantas pessoas ou setores transformou?" E a resposta era que já tinham feito isso, e muito! Então, ao ler esta apresentação, lembre-se: você é empreendedora e pode transformar e influenciar qualquer área em que esteja. Isso só depende de você!

- **Empreendedoras de Alta Performance**

Uma obra reconhecida pelo RankBrasil como recorde de ser o primeiro livro com maior número de Empreendedoras de Alta Performance.

Possui exemplos de grandes mulheres e que os leitores terão a oportunidade de conhecer executivas e empresárias bem-sucedidas, confiantes, determinadas, persistentes e apaixonadas pelo que fazem. O livro possui o prefácio de Luiza Trajano, grande empresária da Magazine Luiza e coordenação das executivas de alto nível; Tatyane Luncah, publicitária e coach; Andréia Roma, idealizadora do projeto e Fundadora da Editora Leader e Vanessa Cotosck, Empresária e treinadora.

A capa foi inspirada em Amelia Earhart e desenhada pelo artista Kobra, com a participação de Kléber Pagu em uma das orelhas da obra, que afirma, que as mulheres estão cada vez mais presentes no seu dia dia, seja pela convivência, seja pelas inúmeras notícias de novas conquistas.

■ Empreendedoras de Alta Performance do Piauí

O livro possui o prefácio da então vice-governadora do estado do Piauí, Margarete de Castro Coelho e coordenação de Cacilda Silva e Andréia Roma, idealizadora do projeto e CEO da Editora Leader, destaca que ver materializadas as histórias dessas grandes empreendedoras piauienses é mais um sonho realizado e que não existe fórmula exata para o sucesso. "Como editora e empreendedora sempre considerei importante registrar a biografia das pessoas para que, no futuro, a sociedade e as famílias pudessem resgatar esse legado intelectual. Aprendi com minha experiência, porém, que tudo começa com dedicação e comprometimento e que cercar-se de pessoas que te completam e estar sempre aberta para novos caminhos é de extrema importância", disse.

■ Empreendedoras de Alta Performance do Mato Grosso do Sul

O livro possui coordenação de Mônica Fernandes e Andréia Roma, idealizadora do projeto e CEO da Editora Leader. Esta obra traz os relatos de 14 empreendedoras do Mato Grosso do Sul que revelam os caminhos que trilharam até conquistar seu lugar de destaque nos negócios e carreira, contribuindo ainda com a pujança econômica do seu estado e do país.

São histórias repletas de desafios, superação e resiliência que transformam essas mulheres em exemplos para quem almeja se desenvolver tanto profissional quanto pessoalmente.

Prefácio

Meu relacionamento com este tema começou no início da década de 90, quando ouvi um executivo da área de implantação de hotéis de alto luxo falar sobre alta performance e empreendedorismo. Ele havia me escolhido para participar do seu projeto de *startup* do primeiro hotel 5 estrelas do Centro-Oeste.

Um desafio grande e tentador para uma jovem apaixonada por gente e pioneira na sua região na área de Recursos Humanos.

"Escolhi você porque busco pessoas de alta performance capazes de acessar seus talentos e habilidades além do esperado. Acima de tudo que, como eu, acredita que devemos escolher e desenvolver pessoas ousadas, automotivadas e dispostas a fazer o melhor para o negócio prosperar além de um líder individual. Isto se traduz em um espírito empreendedor", afirmou o executivo.

É uma honra ser convidada para prefaciar este livro e ainda fazer parte do grupo de mulheres empreendedoras, goianas como eu, detentoras de histórias que certamente irão inspirar outras mulheres a protagonizar suas histórias e usar sua capacidade empreendedora, vencendo do seu próprio jeito.

Para mim, "empreender é desafiar seus limites todos os dias e nunca desistir dos seus sonhos".

Este livro vai mostrar de fato o que há em comum entre as mulheres que se transformaram em empreendedoras de alta performance na área de suas escolhas. Quais são seus sonhos, dilemas e temores?

Alguns ingredientes para sua transformação são inconformismo com a situação atual, a vontade de sair da zona de conforto, a disposição para mudar e melhorar sempre, e principalmente fazerem o que acreditam que pode dar certo, mesmo com tudo sinalizando o contrário, vão em frente, enfrentam o medo e com coragem assumem riscos e crescem do seu próprio jeito, geram renda e desenvolvimento, imprimindo sua marca em ambientes instáveis. Dessa forma, fazem parte da estatística de mulheres que chegaram nos espaços aonde por muito tempo só homens chegavam.

Experienciando essas questões há mais de três décadas, minha alma empreendedora me ajuda a ver o lado positivo, aliado à crença de que tudo pode ser melhorado um pouco e sempre.

Como diz Fernando Sabino: "No final tudo dá certo, se não deu certo é porque ainda não chegou ao fim".

O empreendedorismo feminino em Goiás é 4% maior que a média nacional, tendo 33% de crescimento em 2018. As maiores afinidades são com a área de serviços, moda, beleza e alimentação. Participo de mentoria e grupos voltados para o empoderamento feminino no Brasil, onde percebo claramente que o que efetivamente dá liberdade às mulheres é quando se tornam protagonistas da sua história e donas do seu próprio dinheiro. Isto gera autoconfiança e autorrespeito. Dá voz para transformar seu ambiente e sua comunidade. Assim, elas investem prioritariamente na sua própria família e toda a sociedade ganha, crescem e avançam justas.

Muitos são os paradigmas que precisam ainda ser quebrados neste caminho para superar barreiras.

Conciliar trabalho e vida familiar tem sido o grande desafio das mulheres. Por natureza somos multitarefas e sabemos lidar com várias situações e questões ao mesmo tempo, além disso, somos intuitivas, mais gregárias e sociáveis, mais expressivas e naturalmente isso se torna uma vantagem competitiva.

Atingir nossa capacidade máxima e a alta performance na vida profissional e pessoal necessita de ânimo e energia inabalável. Resiliência para seguir em frente, força para enfrentar os medos e dúvidas do mundo nos ensinam a chegar lá, realizar o sonho maior.

Finalmente estamos vivendo um momento onde o poder econômico abre espaços às mulheres em todas as áreas da vida. Estamos mais preparadas e somos mais fortes juntas para aproveitar o que pode ser o caminho para o sucesso almejado. Manter o foco aliado ao propósito fará a diferença, pois empreender é sempre uma trajetória arriscada!

Empreender, acima de tudo, é uma filosofia de vida. Ter a capacidade de enxergar o que o outro parece não ver! Empreender é dedicar-se e transformar ideias em realidade, por mais difíceis e trabalhosas que pareçam ser.

Acredito que todos têm uma competência de essência que irá defini-los. Portanto, investir no autoconhecimento facilita maximizar no que você já é boa, administrar o que precisa melhorar e isso com certeza faz total diferença na sua energia positiva para a ação. Pessoas muito boas no que fazem precisam ser desafiadas a fazer grandes projetos, combustível para avançar em direção ao novo, realizar e continuar a crescer.

As histórias contadas pelas mulheres deste livro vão mostrar que são vencedoras porque nunca desistiram de seus sonhos e de usar sua capacidade criativa e seu autodesempenho em prol de conseguirem algo extraordinário.

Certamente sofreram algumas decepções pelo caminho, porém sua coragem e determinação tornaram possível sentir a alegria de construírem seus projetos e realizar seus sonhos com sucesso.

O melhor de tudo é que esta história ainda não acaba aqui.

O conhecimento por si só não cria valor, o valor é criado quando o conhecimento é colocado em prática.

Vamos juntas neste trabalho navegar nos *cases* de vida dessas empreendedoras goianas que dedicaram um tempo para compartilhar suas histórias e inspirar outras a fazerem o mesmo.

Boa Leitura!

Helena Ribeiro

Consolidou sua carreira elaborando modelos inovadores de Gestão de Pessoas para as áreas de Tecnologia e Hotelaria. A empreendedora aproveitou esta oportunidade para fundar a Empreza com o Z de 'zapp': teoria da reenergização do homem, que faz a diferença nas organizações.

Hoje, o Grupo EMPZ é especializado em Outsourcing, Gestão de Processos de Negócios (BPO), Recursos Humanos e Educação Executiva com a marca da FGV, respeitada mundialmente. O grupo mantém a liderança no seu segmento desde 2011, com abrangência nacional, chegou a movimentar mais de 100 mil colaboradores por ano.

Nomeada como a 25ª das 50 mulheres mais influentes do mundo na categoria Executivas Internacionais pela Global Power 100 Women in Staffing, da Staffing Industry Analysts - conselho mundial em soluções de pessoal e força de trabalho.

CEO do Grupo EMPZ. Presidente da Mantenedora da Faculdade ESUP/FGV. Presidente do LIDE Mulher Goiás. Presidente do Business Affairs Committee – Amcham/Goiânia. Presidente da Oqualif-OSCIP, para qualificação do jovem no primeiro emprego. Vice-Presidente da ACIEG. Conselheira do Programa Winning Women EY Brasil. Líder do Núcleo Goiás do Grupo Mulheres do Brasil.

Introdução

Esta obra é surpreendente de diversos modos. Primeiro, porque seu conteúdo nos traz um panorama ainda pouco conhecido do empreendedorismo feminino no Estado de Goiás. Segundo porque ainda a cada case que se lê é impossível não se envolver e se impressionar com a coragem e determinação de cada uma.

Então, apesar de uma abordagem central voltada ao empreendedorismo, temos a sensibilidade feminina permeando suas histórias.

São mulheres das mais diversas origens, classes sociais, que não tiveram receio de compartilhar como enfrentaram as dificuldades e dividem com os leitores suas conquistas, além de dar muitas dicas para a felicidade em todos os aspectos da vida, inclusive nos romances.

Goiás é o local em que nossas 27 coautoras encontraram as condições ideais para empreender, porque acreditaram no potencial desse Estado para se estabelecerem e colocar em prática seus planos de vida. O empreendedorismo feminino goiano é 4% maior que a média nacional e crescem os movimentos em prol da transformação da vida de mulheres que geram mais trabalho e renda para o Estado.

Como se pode comprovar através das trajetórias das coautoras, é um Estado pujante economicamente. Situado na região Centro-Oeste, possui 246 municípios e população de cerca de 7 milhões de habitantes. É a nona economia brasileira, expressivo resultado que se deve à evolução do agronegócio, do comércio e também ao crescimento e diversificação industrial. Este setor teve na atividade de alimentos e bebidas, automobilística, fabricação de medicamentos, beneficiamento de minérios e, mais recentemente, na cadeia produtiva da cana-de-açúcar, seus grandes destaques.

Descubra nestes 26 capítulos como essas empreendedoras atingiram o sucesso em seus projetos profissionais e de vida. Inspire-se, encontre seu caminho no empreendedorismo e depois faça como elas: registre seu legado!

Sumário

1. Inclusão... Um jeito coração de educar............................ 17
   Albertina Bringel
2. Educação: uma história de paixão e perseverança......... 27
   Amanda Santos Monteiro de Carvalho
3. Minhas raízes, minha força... 37
   Clenia Naves
4. Eu e você nascemos pra dar certo 45
   Daniella Figueiredo
5. Histórias e trajetórias 55
   Elisabeth Lemes de Sousa Martins
6. Uma atividade apaixonante 65
   Fabiana Oliveira
7. Empreender por propósito 79
   Fernanda Leal
8. Desenvolvimento constante e
   amor ao aprendizado 89
   Gerdane Brito

9. Histórias e trajetórias 99
   Gláucia Yoshida

10. 25 lições de empreendedorismo e uma
história de (in)sucessos 109
    Ju Tolêdo

11. Empreendedorismo aliado ao seu
projeto de vida... 121
    Letícia Guedes

12. Idealizadoras do CEAFI 131
    Lorena Carla Oliveira e Silva

    Alessandra Dorça

13. Empreender com propósito... 139
    Luciana Padovez Cualheta

14. Mulher, tenha coragem, permita-se 149
    Lucilene de Pádua Dutra

15. Empreendedorismo feminino 157
    Ludimila Estulano Pimenta

16. A força feminina e a certeza do sucesso 167
    Ludmilla Rabelo Marques Ribeiro

17. Rede Goiana da Mulher Empreendedora.................... 177
    Ludymilla Damatta

18. O que eu aprendi com as pedras................................. 189
    Magda da Silva

19. Uma vida com propósito 199

Mariana Kyosen Nakatani

20. O segredo da minha Marca Pessoal 209

Pollyana Oliveira Guimarães

21. A criação através do
pensamento e sentimento 221

Rosangela Cardoso Oliveira

22. Entrega de resultados com propósitos,
inovação e simplicidade 229

Sandra Méndez

23. De sacoleira a grande empresária 241

Vanessa Costa

24. Você é fruto de suas escolhas 249

Veruska Toledo

25. Como uma fênix 261

Viviane Inácio Brandão de Almeida

26. Blue eyes 267

Wanessa Fonseca

1

Albertina Bringel

Inclusão...
Um jeito coração
de educar

Albertina Bringel

Teóloga e pedagoga, pós-graduada em Administração Educacional, educadora desde 1978, diretora pedagógica do Colégio CIEM. Com ampla atuação na inclusão escolar, autora do Projeto Conviver um Jeito Coração de Educar, que desde 1994 inclui crianças com deficiência no ensino regular.

Domingo. Dia amanheceu sereno, brisa leve. De repente, chegou a hora. Começava a minha jornada, já de maneira árdua, lutando para ficar aqui, para escrever a minha história. Era 6 de julho, 9 horas da manhã, e minha avó em preces pedindo a Deus que me deixasse ficar. Era Festa do Divino Pai Eterno e elevou um pedido de um milagre ao céu, prometendo se sacrificar, de joelhos, agradecendo por ser atendida, no Santuário do Divino Pai Eterno, em Trindade.

De repente, mexi. Tinha sido atendida. Entre lágrimas e sorrisos, gritou para todos que eu estava ali. Com tanto amor não podia ser diferente. Deram-me seu nome, Albertina. Cresci ao lado dela, mulher forte, mas doce. Respirava e transpirava amor. Brinco que fui lambuzada de amor, motivo esse de amar tudo na minha vida tão intensamente.

Fui crescendo ao lado dos meus avós, recebendo deles exemplos como retidão, responsabilidade, compromisso, respeito, tolerância, justiça e amor. Aprendi que só praticando esses valores teria um caminho à frente que me permitiria realizar, conquistar sonhos. Com minha avó, a alegria de viver, o prazer de fazer as coisas, fosse uma comida, fosse um bordado, fosse o cuidar das plantas. Tudo era feito com muito amor e cuidado. Ensinou-me que, assim, demonstraria o que de melhor tínhamos guardado na caixinha-coração e que irradiaria ao nosso redor.

Aos meus 14 anos tive a primeira situação que me deixou sem chão. A separação dos meus pais. Como entender?! Nunca tinha presenciado uma discussão, sempre se tratavam com muito respeito e, de repente, vejo meu pai sair do apartamento com as malas. Foi desesperador. Eu era a filha mais velha. Minha mãe, mulher simples, mas muito corajosa. Não tinha medo do trabalho. Conheceu meu pai no Tocantins, filha única que vivia com minha avó viúva. Casaram-se e vieram para Goiânia. Minha mãe trabalhava como costureira. Fazia roupas lindas e bordava maravilhosamente bem. Mas como iríamos viver? Nesse momento minha mãe conversou comigo. Eu precisava trabalhar também. Teríamos grandes desafios pela frente. Moradia, alimentação, escola, saúde e outros.

Perto de onde morávamos tinha uma escola, a Maria Betânia. Fiz uma visita e falei da minha necessidade de trabalhar. Fui recebida lá para auxiliar uma turma com crianças de educação infantil. Apaixonei-me. Identifiquei-me com o ambiente escolar. Senti vida com o barulhinho das crianças, com as risadas gostosas, com os olhares profundos e os abraços calorosos. Isso tudo alimentava minha alma e ia aliviando as tristezas. Começava ali a minha trajetória nessa vida como educadora.

Terminei o ginásio, hoje chamado de Ensino Fundamental 2. Não tive dúvidas, cursaria o Magistério. Fui para o Colégio Santa Clara. Distante de casa e do trabalho, mas a vontade de aprender a ensinar me fortalecia para o desafio diário. Logo depois de ingressar no colégio, fui convidada para trabalhar lá, assumindo a turma da primeira série. Que alegria! Tudo caminharia melhor e mais leve.

Terminei o Magistério, senti uma emoção muito grande ao colocar no dedo o anel de formatura. Agora, tinha uma profissão: professora. Estava muito orgulhosa. Dias depois, fui chamada pela diretora do Colégio Santa Clara e ela me disse que, como eu já tinha me formado e o colégio era distante da minha casa, então me indicaria para os diretores do Colégio Agostiniano. Fomos até lá e fui admitida para uma das turmas de alfabetização. Nessa época morava na rua 70, no centro de Goiânia. Nova experiência, rica para meu aprendizado. Mas eu precisava trabalhar em período integral. Tinha que melhorar meu orçamento e ajudar minha família.

Conheci, próximo do colégio, a Escola Sossego da Mamãe, da diretora Eli e tive a oportunidade de trabalhar com ela. Fui professora de Inglês, trabalhei lá também como secretária escolar e auxiliar de coordenação. Nessa época surgiu no meu coração a sementinha de sonhar ter a minha própria escola. Isso mudou o meu olhar em cada dia vivido nas escolas em que trabalhei. Montei um caderninho que me acompanhou em todo o trajeto até a abertura da minha escola. Nele, diariamente fazia anotações que sinalizavam situações vividas, as quais eu marcava dizendo o que eu queria fazer na minha escola e o que jamais faria. Continuei meu caminho. Ainda não tinha como cursar uma faculdade.

Num final de dia, voltando do trabalho, mudei o trajeto de volta para casa. De repente, passo em frente de outra escola, o Educandário Logosófico. Chamou minha atenção o cartaz fixado na porta que dizia: "Vaga para coordenação. Inscrições abertas". Instigou-me. Liguei para meu avô, contei a ele e perguntei o que fazer. Ele, bem tranquilo, me respondeu para ir lá e me inscrever! Concorri com várias educadoras e fui escolhida. Nessa época, eu já acreditava numa educação mais humanizada, formativa e integral. Isso me garantiu a vaga. Tive que deixar as escolas em que trabalhava para assumir a coordenação. Foi um período de muito estudo e de grandes desafios. Estava ali, orientando professores, pais e crianças.

Mais uma vez senti que o meu sonho era o meu maior desejo. A partir daí comecei a buscar tudo que me preparasse para montar a escola. Fui pesquisar sobre a organização administrativa, a preparação do espaço físico, as leis vigentes. Fui desenhando a escola, cada cantinho, cada mobiliário, cada material. E na minha mente ela foi tomando forma, ficando do tamanho do meu ser. Dia após dia, ia me preparando. Chegou a oportunidade. Uma casa que parecia com a escola que eu sonhava. E ela começou a tomar forma. Veio o primeiro desafio: conseguir a quantia necessária para os gastos de montagem. Tinha que continuar trabalhando por mais um tempo.

Albertina Bringel

Precisava do meu salário. E foram longas noites planejando, organizando decoração e material pedagógico.

Abrimos a escola. Dia inesquecível em nossas vidas. Atendendo os primeiros pais, vendo as crianças se encantando com cada cantinho. E, a cada ano, crescíamos no aprendizado da arte de ensinar e aumentava o número de crianças. A escola ficou pequena e tivemos que procurar outro espaço. Dias de angústia. Não conseguíamos encontrar nada que nos encantasse. Saí a pé à procura pelo setor Sul da cidade e de repente vejo uma placa de aluga-se, um sobrado simples, mas que transmitia paz e alegria. Cheguei eufórica, contando o meu achado. Tínhamos uma preocupação, o valor era muito alto e não sabíamos se conseguiríamos. Chorei e clamei a Deus para me orientar. Meu desejo era muito forte. Via a escola com um espaço maior, podendo ter uma biblioteca, piscina e outras maravilhas. Foram momentos de muita luta. Mudamos. Passamos muitos dias trabalhando até de madrugada. Decorava salinhas, pintava as mesinhas, latinhas e pneus. Fizemos um lindo parquinho e tínhamos agora uma piscina. A escola ficou linda. Vivi a sensação de realização. Senti como é importante acreditar no sonho, buscá-lo com todas as suas forças. Estar pertinho de Deus, chamá-lo para caminhar com você e o capacitar para realizar o seu desejo. Escute, acredite e valorize a sua voz interior. E passo a passo, com garra e muito amor, a escola foi crescendo.

Numa segunda-feira, pela manhã, chega à escola o que seria o meu maior desafio. Uma criança com Síndrome de Down. Sua mãe, muito angustiada, procurava uma escola para alfabetizá-la. Algo novo, desconhecido, tocou meu coração. Ouvia Deus dizer "vamos lá, você consegue". E eu fui. É a missão que escolhi perante Ele e a vida. Isso faz 25 anos. A inclusão ainda é algo novo para a educação e naquela época enfrentei muitos desafios. Existiam escolas regulares e escolas especiais. Inclusiva ainda não. Ter na escola crianças especiais era visto pela sociedade como algo que a tornava "fraca". Como ter alguém que não aprendia junto da turma sem "atrapalhar"?

Empreendedoras de Alta Performance de Goiás

Começamos então essa nova caminhada. Buscamos leituras, experiências e vivências que nos auxiliassem a desbravar o mundo da leitura para uma criança especial. A cada dia sentíamos a nossa menina aprendendo e crescendo. Ela foi desvendando o mundo da leitura e da escrita. Era maravilhoso ver como o desejo de fazer algo por alguém fortalece tudo ao redor, traz oportunidades e realiza o sonho. Assim, foram chegando outros e novos desafios.

Numa noite, entre pensamentos, surgiu a ideia de um projeto para atender essas crianças e jovens, auxiliando-os nas dificuldades e necessidades, mas também oportunizando a eles o aflorar dos dons, talentos e habilidades. Nasce o Projeto Conviver, que vejo como um ninho. Acolhe o educando com muito amor, melhorando a autoestima, sua relação com o outro, com o ambiente e o convívio social. Em seguida, começa o trabalho da aprendizagem. O Conviver conta com a colaboração de psicóloga, psicopedagoga e neuropsicóloga. Considero-as anjos entre nós, pois se doam além do trabalho, amparando as crianças e famílias e orientando toda a equipe da escola.

Ano após ano, a escola foi crescendo e o número de crianças e jovens do projeto Conviver também. Em 2004, após termos formado no nono ano sete jovens e, sem sucesso, termos procurado vagas para o Ensino Médio, deram-nos a oportunidade de implantar mais essa fase no colégio, oferecendo a esses alunos a continuidade da vida acadêmica. Mais um degrau da batalha foi alcançado. Seguimos a caminhada.

No final de 2006, tivemos a oportunidade de transferir o colégio para um espaço maior, dez mil metros de área com muito verde, bichinhos, um parque infantil enorme, uma minicidade, quadras e piscinas. Era tudo que eu sonhei. Mudamos.

Em 2007 iniciamos o ano letivo no setor Jaó. Deparei-me com espaços para tudo que eu acreditava ser necessário para uma educação integral: sala de multimídia, de dança, laboratório de matemática, minimercado, casa de bonecas, cercadinho com lago para

Albertina Bringel

animais e outros equipamentos. Era encantador. Mas junto com tantas belezas vieram também muitos entraves para os nossos projetos. Um deles foi o nosso trabalho com a inclusão, mesmo sendo lei, nessa época, havia um preconceito velado, olhares duvidosos e comentários cheios de observações destrutivas. Descobri então como crescer dói. Não me deixei abater. Todos os anos já vividos me davam a certeza de ter feito a escolha certa. A minha fé me mostrava que não estava sozinha e que venceríamos essa etapa.

Foram períodos de muito trabalho. Dia após dia trabalhamos com todos os alunos da escola, a convivência com o outro, o respeito, a paciência e a gratidão. Perceberam que todos somos especiais, temos necessidades, dificuldades, talentos, habilidades e dons. Tornaram-se muito unidos e foram acontecendo momentos inesquecíveis na escola. Crianças tirando parte do seu tempo na Educação Física para auxiliar o cadeirante a jogar, outras auxiliando na hora do lanche, outras ajudando na hora das atividades. Hoje isso é natural e faz parte do jeito coração de aprender.

Nessa jornada me especializei em Educação Especial e fiz o curso de adaptação curricular para que pudesse auxiliar esses alunos na hora da aprendizagem, tornando-os capazes de aprender, produzir e crescer. E a cada dia vamos aprendendo mais sobre essa arte de educar, que é recheada de paixão e muito amor.

Hoje, sabemos que muito tem a ser aprendido e a ser feito. A cada dia, amanhecemos com novos desafios, mas na certeza que a vontade de fazer e acertar já nos garante passos avante nesse trilhar.

Há cinco anos senti que deveria passar essa minha experiência a outros educadores, motivando-os a querer descobrir esse mundo da inclusão que é rodeado de pedras, porém, cercado de flores, e decidi escrever um livro. Nessa época caminhava comigo a Nayana, psicóloga, reabilitadora cognitiva, que muito me ajudou no grupo terapêutico do colégio e se tornou uma grande amiga. Convidei-a para que a quatro mãos tentássemos contar a história desse projeto e orientar os passos de quem aposta nesse trilhar. Lançaremos neste ano de 2019 o livro *Um jeito Coração de Educar*. Sinto-me realizada na escolha que fiz. Agradeço a cada instante a Deus por ter confiado em mim e me capacitado para essa missão.

Deixo aqui a certeza de que quando você sonha, busca, confia e olha para frente com coragem, garra e muito amor no coração Deus, com seu olhar amoroso, o abraça e diz: "Segue, eis que estou contigo e então realizamos".

Albertina Bringel

2

Amanda Santos
Monteiro de Carvalho

Educação: uma história de paixão e perseverança

Amanda Santos Monteiro de Carvalho

Pedagoga, diretora pedagógica e sócia proprietária do Colégio Simetria, especialista em Desenvolvimento Humano, MBA Psicologia Positiva, pós-graduação em Formação de Professores na era da Complexidade, Formação em Inteligência Emocional, mãe e apaixonada pela Educação.

Contatos:

E-mail: amanda.simetria@hotmail.com

Instagram: @colegiosimetria

"Fé na vida, fé no homem, fé no que virá. Nós podemos muito, nós podemos mais, vamos lá fazer o que será..."

Começo o meu capítulo com essa frase do saudoso Gonzaguinha, pois sim... nós podemos muito, nós podemos mais... Nestas linhas quero falar para vocês sobre a minha história, que se inicia no dia 1º de maio de 1981, isso, no Dia do Trabalho e, sabem, eu sempre ouvia muitas pessoas me dizerem "será trabalhadora", "logo no Dia do Trabalho!", "vai trabalhar demais, coitada!" Isso na minha infância me soava como um peso, parecia que trabalhar não era algo tão legal assim, deveria ser algo difícil e torturante. Afinal, em nossa cultura ocidental tudo que está relacionado ao trabalho é visto como exaustivo, uma verdadeira tortura.

Neste desafio de contar sobre minha experiência no empreendedorismo não há como não contar sobre minha própria vida. Não houve de forma consciente uma formatação metodológica para a construção do que é hoje o Colégio Simetria, ainda que de forma inconsciente houve oportunidades, desafios e muito trabalho.

Pássaro na mão

Nasci e cresci em Goiânia e tive muita sorte! Isso porque eu já tinha ao meu lado duas pessoas incríveis: meus pais, que através do seu amor me ensinaram que sim, nós podemos muito! Sempre vivemos nesta cidade linda, Goiânia, eu, minhas irmãs, Karla e Ana Carolina, unidas e nos nutrindo de um amor puro e leve.

Tive uma infância feliz, nossa família, sempre unida. Vô, vó, tios, primos tínhamos satisfação em estarmos juntos, o que me deixou lindas e divertidas lembranças.

Uma "família feliz", casa confortável, escola particular, meus pais em bons empregos, mas o destino nos prega peças e meus pais se separam... momentos difíceis, tristeza, insegurança, medo, vergonha, impotência eram sentimentos evidentes em mim... em plena adolescência, aquela fase de conflitos emocionais. Eis que minha mãe nos matricula em uma escola, no nosso bairro, o Colégio Simetria. E lá começo a alinhavar a minha história de amor e amor pela Educação.

Preciso falar de um garoto de olhos verdes, tímido, que deixava bombons e cartõezinhos na minha mochila... Thyago o nome dele, meu primeiro amor. Fiz grandes amizades, Moema, Danielle, que sempre me acolheram e me impulsionaram a acreditar que nós podemos mais! Dificuldades como aluna, uma luta incessante para aprender as tais matérias exatas, então, chega o Ensino Médio e junto com ele uma nova escola, bem maior, os desafios e decisões eram as palavras de ordem. Muito esforço para me adequar, muita luta para conseguir decidir pelo que eu iria optar na minha vida profissional. Em todo esse contexto de dificuldade escolar junto com muito esforço comecei a perceber o quão o mundo é competitivo, os melhores alunos sempre têm notas boas, isso me intrigava, pois eu sabia o quanto as minhas notas, na tal exata, não diziam sobre quem eu realmente era. Mas, eu tinha pessoas que acreditavam em mim, amigos, a professora Maria Alves (acreditem, de Matemática) me abraçaram, me ajudavam e acreditavam em meu potencial!

E nesse contexto algo me intrigava, o olhar para o aluno integralmente, afinal não somos um número, uma nota. Lembro-me de exposições de desempenho, onde aqueles que estavam nas primeiras páginas eram os notáveis... mas os das últimas eram apenas mais um... isso me intrigava, pois eu sabia que nas últimas páginas havia pessoas com notas baixas, porém com potencial criativo elevadíssimo, habilidades artísticas e de comunicação incríveis. Mas não sabiam disso, não eram notadas.

Então, é chegado o momento de escolher o que eu iria prestar no vestibular (essa palavra me incomodava, pois falavam: você vai prestar pra quê? E eu respondia: vou prestar para muitas coisas!). Escolhi a Pedagogia. E lá fui eu, em 2000, começando um novo milênio, uma nova etapa e como era bom estudar o que eu gostava, o que escolhi de acordo com minha vontade. Eu tinha um desejo, tocar a vida de cada criança que me fosse confiada, meu desejo era que elas pudessem expressar todo seu potencial. Entrei pra faculdade, e logo fui atrás de entender toda aquela teoria na prática. Comecei a busca por estágios, empregos, sem nenhuma experiência, mas com uma vontade imensa de me sentir pertencente ao mundo da Educação.

Consegui um emprego, em uma escola pequena, para um cargo bem inusitado, "auxiliar de formatura", e lá fui eu colocar em prática tudo que aprendi com minha mãe quando trabalhei com ela em cerimoniais de eventos. Eu me encontrava naquele universo, era realmente tudo que eu queria. Eu me apaixonava cada dia mais pela Pedagogia, e na faculdade conheci uma grande amiga, Marissol, que apostou em mim e me levou para a tão sonhada sala de aula! Ah, que maravilha, era isso mesmo que eu queria, me realizava, recortando lembrancinhas e me empoderava quando entregava meu plano de aula.

Perdas toleráveis

É, e mais uma vez a vida me prega outra peça, fui convidada para substituir uma professora em outra escola... sim, o Simetria... e lá vou eu, pisar naquela escola que tanto me acolheu, em que fiz grandes e fiéis amigos, e naquele momento eu era parte desse mundo. Parecia estar vivendo um sonho. E era, reencontrei aquele amigo de escola, de olhos verdes, ainda tímido... Thyago. E nesse encontro o nosso amor falou mais alto, eu professora, ele ajudando o pai na administração do colégio. Começamos a namorar, a nos admirar... e eu ainda em busca de conhecer outros universos me aventurei em trabalhar em outras escolas, quantas experiências, vivências, cada criança uma

Amanda Santos Monteiro de Carvalho

história, um universo, e eu me apaixonava pela Educação. Casei-me e junto com isso muitas mudanças aconteceram, decidi me dedicar somente ao Colégio Simetria, me entregar de corpo, alma e coração a esse universo. Nesse momento, eu estava na coordenação pedagógica do Colégio, ainda muito jovem, com nada de experiência em liderança, muito menos em empreendedorismo e gestão.

Tínhamos meu sogro Wesley e minha sogra Lurdinha, fundadores da escola, a quem honramos muito e que nos ajudavam nessa missão. Porém, o destino nos revela surpresas que muitas vezes chegam para nos fortalecer, meu sogro adoeceu, ficou um longo tempo hospitalizado e lutando para viver. Tínhamos um novo desafio: dar continuidade a uma grande obra que meu sogro havia iniciado, ele era um entusiasta de Engenharia, e tinha colocado em prática a construção de alguns dos seus sonhos: construir mais um andar de salas de aulas, um restaurante e arborizar toda a escola. Foram obras enormes que duraram mais de cinco anos, então, todos os dias eu e Thyago tirávamos foto da obra, de cada detalhe e levávamos para o hospital, para meu sogro nos orientar no que deveria ser feito. A admiração e a gratidão pelo pai era tão grande que ele foi apropriando-se e interessando-se por obras, construção. Eis que o destino nos revela outra circunstância: meu sogro falece e com isso eu, Thyago e minha sogra nos vimos enfraquecidos, com um novo desafio a ser encarado.

Enfrentamos muitos embates, dar continuidade aos projetos iniciados pelo meu sogro, assumirmos a escola de uma vez por todas porque minha sogra estava em um momento de muita dor... Ouvimos muitas críticas, como: **"Duas crianças irão tomar conta desse colégio", "Você tão novinha é que está na coordenação?" "Achei que ao entrar nesta escola encontraria uma senhora, uma mulher, mas é uma menina".**

Esse era o cenário, uma escola em reformulação, dois jovens à frente e, então, precisávamos investir tempo, dinheiro nesse novo momento. Abri mão de muitas coisas, viagens, casa, passeios, para investirmos em nosso negócio, era nosso meio de viver, nossa única fonte financeira. Sempre tive comigo a convicção de que o trabalho duro, a consistência, a coragem, a determinação são grandes fatores que nos levam a alcançar o sucesso.

Então, nessa época, engravidei do meu primeiro filho, o Wesley Netto, em meio a tantas turbulências Deus nos presenteia com tamanha bênção e dois anos após veio outra bênção, Heitor, meu caçula.

Colcha de retalhos

O tempo passou, e eu então fazia parte da coordenação do Colégio Simetria, tinha ao meu lado grandes profissionais que me ensinaram a chegar aonde cheguei, Lurdinha, minha irmã Karla Niana, minha grande amiga Carla Bittencourt foram fundamentais para meu crescimento.

Pois bem, com toda a demanda que vivíamos, foquei na área pedagógica e em todas as possibilidades que uma coordenação escolar me trazia e ainda poderia fazer. Por alguns anos, trabalhei e aprendi muito, cometi algumas gafes, enfrentei vários leões, eu aprendia com cada pessoa que estava do meu lado, me inspirava na força da minha mãe, na alegria de viver do meu pai, na disciplina e honestidade do meu esposo, me inspirava e aprendia com os professores que naquele momento eram liderados por mim. Meu desejo era levar para dentro da escola tudo que não tive como aluna e tudo que foi válido. De uma coisa eu tinha certeza: o desejo de ir além dos livros, dos conteúdos formais de uma sala de aula, eu enxergava a necessidade de falar com meus alunos sobre a vida, sobre nossas emoções, sentimentos, entendê-los, ouvi-los.

Limonada

Fui em busca, eu não podia deixar isso passar, eu acessava em minha memória lembranças da adolescência, as minhas dificuldades como aluna, pensava o que poderia ser feito pelas escolas por que passei para poder me ajudar a encarar as minhas dificuldades, me ensinar como conhecer minhas forças, minhas habilidades e meus talentos, pensando também no cenário em que minha escola e meus alunos se encontravam naquele momento. Fui em busca, conversei com muitas pessoas, procurei entender qual era a real necessidade dessa geração que se apresentara tão triste, tão depressiva, tão sem limites. O meu desejo nesse momento era poder levar para dentro da minha escola de forma concreta, real e genuína a importância dos nossos sentimentos, dos nossos valores, dos nossos talentos, do nosso caráter, desenvolver desde a mais tenra idade a consciência, a autonomia, a regulação emocional, pois assim eu estaria contribuindo muito além de uma formação acadêmica, uma formação para a vida! Foi então que ouvi um termo que me atraiu bastante, uma tal de Inteligência Emocional, esse conceito fez todo sentido, bingo! Era isso! O que eu queria levar para meus alunos: fazer com que eles compreendessem como é importante perceber, reconhecer, respeitar as nossas emoções e sentimentos e saber lidar com eles, e o melhor, saber que isso pode ser treinado, ensinado, aprimorado.

Iniciei um programa educacional na escola cujo foco era desenvolver educação socioemocional no ambiente escolar, fundamentada na Teoria da Inteligência Multifocal, elaborada pelo dr. Augusto Cury. Foi uma experiência incrível, que oportunizou não somente para mim mas para todos os envolvidos na comunidade escolar muitas possibilidades de crescimento pessoal.

Mas, eu ainda queria mais, sentia que estava limitada e que cada vez mais tudo fazia muito sentido, percebi o quanto eu havia expandido minha consciência e o quanto tudo que eu estava aprendendo corroborava com meu desejo de mudança pessoal e profissional. Somente uma referência não me bastava e, se aquilo tudo estava fazendo muito sentido para mim, poderia fazer para outras tantas pessoas.

Iniciei muitos estudos, fiz viagens, congressos, cursos, ampliei minha rede com pessoas com habilidades e conhecimentos complementares aos meus. Abri mão de outros sonhos, nesse trajeto muitas coisas deram certo, outras não, alguns pais acreditavam, outros não, não queriam investir.

Embora enfrentasse muitos embates, o meu propósito é o

que me move, então meu desafio era fazer das dificuldades grandes oportunidades.

Nessas buscas, estudando muito sobre inteligência emocional, conheci uma excelente professora, hoje minha grande amiga e mentora, Carmen Silvia, que me disse: "Estude mais sobre desenvolvimento humano, conheça a Psicologia Positiva".

E assim fiz um MBA em Psicologia Positiva, onde pude aprender e conhecer a fundo o desenvolvimento humano focado em forças, talentos, virtudes. Junto com esse processo, eu levava para dentro da escola um novo projeto, a Educação Positiva, que era muito mais que uma simples disciplina e sim um jeito de viver, uma filosofia de vida que precisava fazer sentido, agora não somente para os alunos e suas famílias e sim para todos os envolvidos na escola, do porteiro à direção. Embora isso pareça algo simples, não é, é preciso investir muito tempo, formação, treinamento, pois essa filosofia de vida tornou-se um "produto", uma marca do colégio, a nossa identidade, e todos esses fatores exigem planejamento, engajamento, dedicação, tomadas de riscos e muito esforço. E apostar em um projeto que está alinhado ao seu propósito de vida nos traz segurança e mais segurança com o futuro.

Piloto no avião

Diferentemente de uma abordagem digamos que convencional sobre o empreendedorismo, onde há um planejamento de negócio, definição do público-alvo, elaboração de estratégias, previsões financeiras, meu projeto de empreendedorismo tem muito a ver com a teoria *effectuation*, que propõe uma combinação entre "aprender fazendo" com "tentativas e erros", digamos que faça deliciosas limonadas com seus limões.

E assim, utilizando o meu propósito de vida, hoje o Colégio Simetria acredita no desenvolvimento do potencial de cada ser humano, e tem como filosofia de vida ou marca registrada o projeto inédito de Educação Positiva, baseado e fundamentado nos conceitos da

Psicologia Positiva, mentoriado pelo IGPP (Instituto Goiano de Psicologia Positiva), no qual todos os pertencentes à comunidade escolar passam por experiências, vivências, reflexões que enfatizam – para além de seu desenvolvimento cognitivo - as virtudes e forças individuais, no sentido de auxiliá-los também no processo de autoconhecimento e no desenvolvimento dos talentos individuais, pois a Psicologia Positiva consiste no estudo científico do bem-estar subjetivo.

Hoje com muita clareza da minha paixão e propósito, sou diretora pedagógica dessa instituição de ensino e sigo com meu desejo de tocar vidas, de preparar meus alunos para a vida. Muito além de somente uma nota, minha intenção genuína é tocar o coração das famílias, dos funcionários, professores para que se desenvolvam amplamente, sendo felizes, acreditando em suas forças, exercitando o poder da gratidão, sendo resilientes e, acima de tudo, tendo um propósito de vida em que acreditem e os impulsione e os faça compreender que felicidade vem antes do sucesso.

E para você que está aqui comigo, conhecendo minha história, deixo minha gratidão e mais, acredite em seu potencial, se você deseja evoluir seja na sua carreira, ou internamente, arregace as mangas e apenas comece, se conheça, se perdoe, se ame e tenha claro em seu coração o seu propósito de vida. Às vezes as barreiras que criamos nem são tão gigantescas assim. Entenda seu ponto de partida, dê seus primeiros passos, mude seu *mindset* fixo para um *mindset* de crescimento, tenha ciência dos riscos que serão enfrentados, se adapte ao longo do caminho, pois nem tudo estará sempre pronto e perfeito, o sucesso depende da união do talento e esforço. Como diz Angela Duckworth, em seu livro *Garra*, "sem esforço, seu talento não passa de potencial não concretizado... Com esforço, o talento se torna habilidade e, ao mesmo tempo, o esforço torna a habilidade produtiva".

Muito mais importante do que intensidade é a constância, é perseverar apesar dos obstáculos da vida, é ter paixão e propósito. Tenha fé... "Fé na vida, fé no homem, fé no que virá. Nós podemos muito, nós podemos mais, vamos lá fazer o que será..."

Gratiluz!

3

Clenia Naves

Minhas raízes, minha força

Clenia Naves

Empresária no segmento de estética, com experiência de mais de 15 anos na área, desenvolve seu trabalho à frente da Clínica Estar Bela Centro Clínico de Estética como diretora administrativa e Biomédica Esteta. Tem o propósito de elevar a autoestima das mulheres, o que vai além dos cuidados com a pele. É especialista em rejuvenescimento facial, graduada em Ciências Biológicas pela PUC-GO (Pontifícia Universidade Católica), pós-graduada em Biomedicina Estética, além de se manter atualizada através de cursos conceituados nesta área. Coordena, gerencia e é facilitadora em cursos de formação em Estética, na capital goiana.

Sou a soma de tudo que vivi e no aprendizado diário sigo em busca da evolução. E o que me trouxe até aqui? O que me sustentou na luta pelos meus ideais? Minhas raízes, minha origem, minha família. Uma história, muitas vidas entrelaçadas pela dor e pelo medo, mas acima de tudo uma história fortalecida pela fé, determinação, união e um amor infinito.

Nasci em Goiânia, Goiás, em fevereiro de 1973 e posso dizer que minhas raízes têm um endereço: rua 86, número 108, Setor Sul. Aqui, onde hoje eu e minhas parceiras temos um consultório de estética é justamente a casa que meus pais construíram para morar com suas filhas. E se minhas raízes me definem, volto no tempo para contar como uma tragédia marcou minha família para sempre. Minha mãe e meu pai são os protagonistas dessa história e referências de vida pra mim. Se hoje sou uma pessoa empreendedora, proativa, guerreira e muito perseverante é porque o exemplo deles me guiou.

Minha mãe, uma sobrevivente. Dona Eneida foi o alicerce de toda nossa família. Filha única, com quatro irmãos. Casou-se jovem e ainda jovem ficou viúva. Tinha 23 anos e duas filhas para criar. Eu com apenas um ano de idade e minha irmã com três. Meu pai? Apesar de não ter tido a honra e a chance de conviver com ele, digo que me criou mesmo na ausência. Era um homem trabalhador, honesto, caridoso e extremamente dedicado à família. Ainda bem jovem já tinha vencido na vida. Foi assassinado pelo próprio irmão. Um tiro no coração. Até hoje não sabemos o motivo. Minha mãe ficou assim: com uma empresa, fazenda e gado para cuidar. Para piorar, os irmãos de meu pai a perseguiram de forma perversa. Chegaram a contratar pistoleiros para matá-la. Tudo pela ambição de tomar o que meu pai havia conquistado com trabalho duro e honesto.

Um dia minha mãe estava na empresa quando chegou um homem falando que tinha sido contratado para tirar a vida dela. Ele disse: "Não vou acabar com a vida da senhora porque vi a enorme dedicação que tem com suas filhas". Ele ainda fez um alerta: "Não farei o serviço, mas é perigoso que outro faça o que não tive coragem de fazer". Conto esse capítulo da minha história porque faz parte da minha caminhada e mostra que minha infância foi de luta, ao lado de minha mãe e de minha irmã Claudia. Não tivemos apoio de outras pessoas. Foi assustador no começo, mas tudo isso me fez fortaleza. Desde muito pequena tive uma rotina com minha mãe. Ia ao banco, para a fazenda. Aonde ela ia, eu ia junto. Cresci ajudando-a. Ela foi preparando a gente para a vida e os negócios da família. Perdemos muitos bens, mas nunca deixamos a derrota paralisar nossas vidas.

Chego a um passado mais recente. Estamos em 2011. Tenho 38 anos, casada com Artur e com dois filhos: Cibele e Artur Júnior. Meus amores e meus maiores incentivadores. Razão de cada passo que dou. Na época, eu tinha fechado um laboratório de análises clínicas e estava sem nenhuma perspectiva profissional. Um dia, li uma matéria sobre uma nova área de atuação para os biomédicos: a estética. Era necessário fazer uma especialização e eu, biomédica, poderia atuar na área. Nascia uma esperança! Pedi tanto a Deus para encaminhar minha vida profissional porque estava sentindo falta de um trabalho. A bênção veio. Era um sonho? Não, era uma meta. Em pouco tempo seria realidade. Porém, não foi tão simples assim. Passada a euforia dos primeiros dias, veio a insegurança. Eu pensava sem parar. Quem iria deixar de fazer um procedimento estético com um médico para fazer com um biomédico? O tempo, muito estudo e a dedicação ao trabalho me mostraram que tudo daria certo. Conquistei clientes e muitos deles deixaram de fazer os procedimentos com dermatologistas para fazer comigo. Minha família era a razão maior pra eu seguir lutando.

    Queria ser motivo de orgulho para meus filhos e para meu marido. Além disso, tinha como estímulo a possibilidade de oferecer uma condição financeira melhor para eles. Queria também, com minha perseverança, mostrar que não devemos desistir de um sonho diante das dificuldades. E veio a pós-graduação. Alunas bem mais jovens eram minhas colegas e, mesmo me sentindo meio deslocada, fui em frente. Sabia que ampliar meu conhecimento era fundamental para alcançar sucesso profissional. Estudei muito, mais e mais. Queria me aperfeiçoar sempre. E veio a questão: onde atender? Como conquistar clientes? Fazia questão de oferecer qualidade e ser honesta na minha nova profissão. Infelizmente, percebi que a área de estética tem muitas pessoas que não atuam de maneira profissional porque indicam procedimentos mais caros para obter um lucro maior. O pior é que muitas vezes o cliente nem precisa.

    Comecei então a procurar uma sala pra montar meu consultório. Nesta fase, apareceram vários lugares, mas nada me agradava. Tive inclusive uma proposta de parceria em uma clínica de Fisioterapia. Não deu certo porque a ideia deles era atender visando quantidade de clientes apenas. A qualidade dos serviços não era prioridade. O conhecido caminho das promoções sem preocupação com atendimento personalizado. Não desisti! Até que encontrei a Clínica Corpo Bueno. O lugar me interessou. Então, apresentei todos os meus certificados para a dona da empresa. Ela ficou de analisar a minha proposta de parceria. Dias depois veio a resposta. Ligyane, a proprietária, disse que estava montando uma clínica para atender também o público da classe A. Portanto, segundo ela, um médico faria aplicação de botox e preenchimento e eu poderia ficar com os outros procedimentos.

    Começava então minha nova atividade profissional. Fui tendo mais confiança no que fazia e cada vez mais ganhava credibilidade com os meus clientes. Minha família e meus pacientes eram minha inspiração para seguir trabalhando duro e ainda ter tempo para continuar estudando e me aperfeiçoando. E aqui faço um agradecimento muito especial: Ligyane foi a pessoa que acreditou no meu potencial e ao abrir as portas da empresa dela pra mim abriu também meus horizontes de possibilidades profissionais. Sou e serei eternamente grata a ela. Com o tempo e o resultado do meu trabalho, ela passou a confiar ainda mais em mim. Fui conquistando espaço na clínica. Foi uma parceria muito boa. Juntas conseguíamos trazer novidades para a clínica.

Mas, mesmo trabalhando na Clínica Corpo Bueno, mantive por quatro anos, em paralelo, meu próprio consultório, que até então era uma salinha simples.

Um dia uma nova oportunidade surgiu. Uma biomédica que estava terminando a pós-graduação em estética pediu para eu dar cursos para ela porque se sentia insegura para fazer alguns procedimentos. Ela sabia que eu tinha muita experiência. Eu nunca havia dado curso. Meu marido, sempre atento em me apoiar, falou que não era tão complicado. Ajudou-me a formular uma didática. O curso foi um sucesso! Vieram outros. Surgia um nicho de mercado em que eu ainda não tinha pensado. Uma oportunidade muito boa. E lá fui eu conversar com a Ligyane. Falei sobre um novo campo de trabalho que poderíamos trilhar: ministrar cursos livres para aperfeiçoamento dos profissionais que queriam ingressar na área da estética. Nascia assim o Instituto de Ensino Corpo Bueno. Por que busquei parceria e não arrisquei sozinha? É que minha experiência como proprietária de laboratório de análises clínicas não tinha sido boa. Além disso, sabia que seria melhor se eu entrasse com meu conhecimento e ela com a parte administrativa. Não queria ser dona e sim atender meus clientes e alunos.

Abracei com garra o novo desafio. Deu tudo certo. Acrescentamos outros cursos, como depilação, manicure, bronzeamento natural, massagens etc. A rotina era pesada demais. Decidi sair do atendimento na clínica para me dedicar mais ao instituto e ao meu consultório. Focava nas aulas e a quantidade de cursos e de minha clientela só aumentava.

Na época, o imóvel que citei aqui no começo dessa narrativa foi desocupado. Acertei com minha mãe que mudaria minha sala para lá e pagaria aluguel. As demais salas seriam colocadas para locação para outros profissionais na área da estética. Estava surgindo no mercado o *Estar Bela Centro Clínico de Estética*. A meta era arrumar parcerias, com divisão de despesas. Tudo foi dando certo. Minha agenda estava e está sempre cheia. As clientes que eu atendia espalhavam a informação da qualidade do meu trabalho. Era uma propaganda incrível. E então aquela simples salinha se transformou em um verdadeiro consultório, onde consigo, por meio do meu trabalho, proporcionar sorrisos e satisfações aos meus clientes que tanto me ensinam e me estimulam com suas histórias e suas experiências.

Veio outra motivação: fui convidada para dar aula em curso de pós-graduação. Meu conceito profissional elevado me guiava para novas conquistas. Muitos convites, alguns tive que recusar. Eu tinha me tornado uma empreendedora, mas também era mãe, esposa e dona de casa. Fui organizando minha rotina. Quem convive comigo me pergunta como dou conta de tanta responsabilidade. A resposta: amo muito minha profissão. Faço tudo com alegria. Além disso, tem uma satisfação a mais. Tenho convicção que estética não é supérfluo. Minha profissão ajuda a melhorar a vida de muitas pessoas. Percebo que, com meu trabalho, ajudo na melhoria da autoestima dos meus clientes. Isso também é qualidade de vida. Sempre tenho o objetivo de aperfeiçoar minha atuação. Procuro perceber o lado psicológico dos meus clientes para oferecer um tratamento adequado e que tenha os melhores resultados.

Como professora, passo todo meu conhecimento e experiência, preparando meus alunos na teoria e na prática, para que eles possam trabalhar com competência e profissionalismo. Como gerente do Instituto de Ensino Corpo Bueno, ajudo muitas pessoas que trabalham comigo. Um constante aprendizado também no relacionamento humano, na construção de boas amizades e parcerias de trabalho que são sucesso.

Olhando para o futuro, muitas vezes tenho medo de um retrocesso que impeça a Biomedicina de continuar atuando na área estética. Contudo, contra o medo uso as armas do trabalho e do estudo. Sigo me aperfeiçoando. Minha busca é incansável por um desempenho que ofereça sempre o melhor para meus clientes. Tenho muito orgulho da minha atividade e sou imensamente feliz por ser reconhecida como uma profissional de valor. É maravilhoso também ver que toda minha família se orgulha de mim. Por isso tudo, sou realizada profissionalmente e muito feliz como mulher, mãe, esposa e filha. É maravilhoso ter o respeito e o carinho de meus alunos e clientes.

Novos desafios virão e estarei pronta. Foi difícil para mim e é bem possível que não seja fácil também para você que está pensando em ser empreendedora. O que tenho a dizer? Nunca desista dos seus sonhos e trabalhe com determinação e seriedade para ser a melhor no que faz. Seja uma referência na área aonde vai atuar. Estude sem acomodar-se. Se o mercado de trabalho é exigente, vá além do que ele exige.

Minha trajetória de sucesso foi construída tendo como base pilares fortes: honestidade, seriedade, estudo e muita, muita fé. Assim, sigo minha caminhada. A história de luta e perseverança que venho construindo ainda terá inúmeros capítulos repletos de vitórias e alegrias, sempre ao lado das pessoas que amo.

Durante a conclusão deste capítulo, tive a oportunidade de abrir novos horizontes em parceria com algumas amigas: Trem Bão Carioca (restaurante de comida saudável) e Estar Bela Escovas (salão de beleza).

Daniella Figueiredo

4

Eu e você nascemos pra dar certo

Daniella Figueiredo

Empresária, empreendedora há 14 anos. Sua empresa oferece soluções para os profissionais da construção civil. Nascida em 8 de fevereiro de 1983 na cidade de Anápolis-GO, formada em Goiânia no curso de Pedagogia. Filha de Dionizia A. Figueiredo, mãe do Pedro Lucas C. Figueiredo, irmã do Carlos e da Danúbia e tia do Bruno. Aprendeu a arte do empreendedorismo diante das dificuldades e circunstâncias das situações vividas, e traz consigo uma história de superação, de muito trabalho, fé e persistência.

Contatos:

E-mail: daniellafigueiredo@realferragista.com.br

Instagram: realferragista

Dionizia saiu de Milagres, no Ceará, e veio para Anápolis, no interior de Goiás, em meados de 1971 na companhia de seus pais e dez irmãos. Entre todos os irmãos era ela a mais extrovertida. Até que em 1981 apareceu grávida. Nada fácil para a época, 38 anos atrás não era comum uma mulher grávida e solteira, porém, não é necessário descrever aqui os ultrajes e a humilhação vividos por ela. Com o passar do tempo, seus pais resolveram criar Danúbia como filha, já não era uma simples neta, era uma filha querida e amada por seus avós e tios.

Jovem e com seu jeito irreverente, Dionizia não demorou muito para que em seu trabalho o patrão se encantasse por ela e, esquecendo-se de todo o sofrimento e humilhação vividos e sem tomar os devidos cuidados, com apenas um ano e sete meses ali estava grávida, solteira e sozinha pela segunda vez. É, desta vez não seria tão simples, seus pais e irmãos não aceitariam a mesma situação novamente. O que fazer então? Em uma atitude desesperada ela e o seu companheiro encontram uma solução. Abortar seria a melhor opção, não queria sofrer toda a humilhação de novo. Era demais para uma jovem de apena 23 anos. E foi assim, em meio a um aborto que não deu certo, em uma época em que mãe solteira era mal vista na sociedade, com a não aceitação dos seus avós maternos, tios e pais, que o próprio Deus permitiu que eu viesse habitar neste mundo. E aqui estou eu, ansiosa e muito feliz em poder partilhar com você, caro leitor, a minha história.

Minha chegada não foi nada fácil para minha mãe, ela precisava trabalhar e, diante de todas as dificuldades, fui criada, ora na casa de suas patroas, ou com suas amigas, com minha madrinha em Gurupi, na casa da tia Maria Mendes, ora com minha avó, pra lá e pra cá, onde alguém pudesse me acolher e dar um pouco de carinho. Meus padrinhos me ensinaram a ser uma católica praticante, assídua na vida em comunidade e a fé em Deus sempre foi o meu porto seguro. Na adolescência, sonhava em me casar, ter filhos, ser dançarina e aprender a tocar violão, porém, não tinha tempo nem dinheiro para realizar sonhos, o trabalho sempre foi uma necessidade. Eu, diferente da maioria das minhas amigas, era uma menina mais quieta, apesar da dificuldade de aprendizagem e de ter que trabalhar e estudar, sempre tive boas notas, e me destacava nos trabalhos escolares não por ser inteligente, mas dedicada e esforçada.

Em 2007, já em Goiânia, me formei em Pedagogia. E foi nesta cidade, em março desse mesmo ano, que registrei minha primeira empresa. Sempre tive um espírito empreendedor, mas não era o meu sonho ser empresária, ser líder, gerir finanças e pessoas, diante das dificuldades e circunstâncias a vida me impôs o empreendedorismo. Para garantir o meu sustento e da minha família, assumi empreender não por opção, mas por uma necessidade.

Impossível descrever minha felicidade quando cheguei em Goiânia, estava em uma das melhores fases da minha vida, trabalhando em um excelente emprego, cursando Pedagogia, e também estava mais próxima da minha família, afinal, Anápolis fica bem pertinho, podia estar com eles todos os finais de semana. Até que minha mãe mostra por acaso uma foto minha para o proprietário e locador do barracão em que ela morava, ele me elogiou e disse para minha mãe que eu seria sua mulher. Foram várias promessas de encontro até que um dia ele me conheceu, se encantou por mim e começamos a namorar. Estava tão radiante com minhas conquistas que um namoro naquele momento parecia inadequado, mas segui, conheci sua família, era um filho dedicado aos pais.

Ele me dizia que queria se casar e ter um filho homem e não

podia esperar, pois já tinha 38 anos. E eu explicava que não era o meu momento, precisava concluir minha faculdade, apesar de ser um sonho, devia esperar para me casar e ter filhos. Mas ele, com toda sua esperteza e experiência, não desistiu fácil. E foi aos poucos, com conversas, viagens, cuidados e presentes, me envolvendo ao ponto de eu ceder e realizar todos os seus desejos, inclusive o de ter um filho homem. Por um instante achei que o meu sonho de ter uma família seria realizado. Até que no trabalho, num sábado à tarde, o telefone toca, era ele me dizendo que havia ido para Portugal. Meu mundo desabou, perdi o chão, nem sequer conseguia chorar. Ele disse que precisava ir pois não estávamos nos entendendo e tinha que trabalhar. Não compreendia, como podia fazer aquilo comigo? Deixando-me sozinha no momento em que tudo o que precisava era que ele estivesse ao meu lado! A história vivida pela minha mãe e minha irmã se repetia pela terceira vez. Agora a mãe solteira, grávida de um menino, era eu.

O tempo passou, Pedro Lucas cresceu, diante dos fatos tive que trancar a faculdade, mas continuei trabalhando, mobiliei nosso barracão e vivíamos eu e ele. Pedro Lucas era um bebê lindo, com um ano e seis meses seu pai o viu pela primeira vez, ficou encantado com o filho. Ele foi nos visitar e encontrou tudo em ordem, disse que eu era a mulher da sua vida, me pediu uma nova oportunidade e então reatamos. A seu pedido, saí do meu trabalho para ser sua sócia na Real Ferragista. Até então nunca tinha entrado em uma ferragista, nem sabia o que era e o que vendia. Fiquei pasma com o negócio que ele havia feito, R$ 9 mil há 14 anos era muito dinheiro, quando entrei na empresa para dar início à organização só encontrava caixas vazias, mas percebi que era um comércio que tinha um grande fluxo de pessoas.

Não sabia nada, exatamente nada, sobre o setor, não me lembro de até então ter visto um tubo de PVC, registros, joelho, então... Brincava com os clientes que chegavam e me pediam joelhos de ¾ dizendo "senhor, joelho aqui só se forem os meus". Devagarzinho fui aprendendo, pedia ajuda aos clientes, aos fornecedores e não

Daniella Figueiredo

demorou muito para que eu me familiarizasse com aquele mundo desconhecido e predominantemente masculino. Alugamos um barracão mais próximo do trabalho, consegui vaga na creche próxima para meu filho e, mesmo contra a vontade do meu companheiro, voltei a estudar. Mesmo estando juntos, as diferenças e as brigas retornaram e então mais uma vez ele foi embora, desta vez pediu para que eu fosse com ele. Parei, pensei um pouco, e segura disse a ele que eu e o nosso filho não voltaríamos para Anápolis. Comprei a parte dele na ferragista e continuamos juntos, ele vinha todos os finais de semana.

A minha luta não era nada fácil, acordava cedo, preparava meu filho para deixá-lo na creche, pegava dois ônibus para ir e três para voltar da faculdade, pegava meu filhote no finalzinho da tarde, fechava a loja e ia para casa lavar, passar, cozinhar, fazer os trabalhos da faculdade e deixar tudo pronto para o dia seguinte. Seguimos assim, ele em Anápolis eu em Goiânia com minha família. Nessa época minha irmã já tinha ido para o exterior e deixado Bruno, meu sobrinho, com nossa mãe. Dona Dionizia também passava por dificuldades com o desaparecimento do seu companheiro, então disse a ela que viesse para Goiânia com Bruno e Carlos, o caçula dos meus três irmãos, assim eu poderia ajudar e ser ajudada por ela.

Então resolvi romper definitivamente com o relacionamento, mas ele não aceitou e me difamava para os meus amigos e familiares, escrevia cartas com falsas acusações e não poupou sequer o nosso filho de suas injúrias a meu respeito. Consegui pagar somente a primeira parcela do acordo feito com a compra da ferragista, e, não satisfeito com o que estava fazendo contra mim, ele reapresentou o cheque que estava vencido e depositou o que iria vencer. Em meio a tudo isso recebo uma notificação, pois a empresa não era registrada, e também não conseguia pagar as mensalidades da faculdade. Apesar de toda essa situação confusa, sonhava com a minha empresa repleta de clientes e seguia adiante com muita fé. Então um vizinho que eu nem conhecia, presenciando todo meu sofrimento me emprestou a quantia necessária para eu quitar minhas dívidas. Em 19 de março de 2007 registro minha primeira empresa, a D.A. de Figueiredo Ferragista, e no segundo semestre de 2007 concluí a minha faculdade.

Estava, enfim, formada e com a empresa regularizada. Continuava cuidando do meu filho, trabalhando, vivendo a minha fé. Mas tinha uma dívida com o Marinho, o vizinho que foi tão solícito. Não tendo como pagá-lo, propus a ele uma sociedade. Ele não tinha interesse em uma sociedade, mas, sendo um homem de bom coração, decidiu aceitar para me ajudar, com a condição de que não poderia trabalhar na loja, pois já estava empregado. Segui por mais dois anos trabalhando sozinha, até ele entender que tinha feito um bom negócio e decidir trabalhar comigo. Juntos aumentamos a loja, fizemos alguns financiamentos, ampliamos o mix de produtos. Trabalhavámos muito, incansavelmente, feriados, finais de semana, até altas horas, demos o nosso melhor para que o negócio desse certo, fizemos duas reformas, aumentamos o espaço físico da empresa, mobiliamos, informatizamos, trocamos a fachada. Apesar do meu temperamento e personalidade fortes, poucas foram as nossas desavenças, Marinho era um sócio muito humano e pouco questionador, na maioria das vezes apoiava as minhas decisões.

Incomodava-me muito o fato de as pessoas pensarem que Marinho era meu marido, nunca tivemos nada além de uma sociedade e uma verdadeira amizade e isso me entristecia a ponto de não mais querer seguir com a sociedade. Porém, naquele momento seguir sozinha não era a melhor opção. Além de sócio, Marinho prestava um grande auxílio para nossa família e com certeza a sua colaboração nos fez chegar até aqui.

Eram tantas lutas e dificuldades em todos os campos da minha vida, gerir uma empresa sem recursos, sem experiência de mercado, com o emocional abalado, com três meninos que precisavam totalmente da minha atenção, Pedro Lucas vítima do conflito que eu e seu pai vivíamos. Por outro lado, Bruno, meu sobrinho, sentia a ausência da mãe, Carlos, meu irmão, sentia a falta do pai, e minha mãe estava amargurada com o desaparecimento do seu companheiro. Tivemos que reaprender a viver em família, não foi muito fácil, eu e minha mãe não nos entendíamos, nosso temperamento é muito parecido, quase sempre entrávamos em conflito. Resolvi então sair de casa e morarmos somente eu e meu filho. No entanto, eu e dona Dionizia temos uma ligação de almas, apesar das diferenças e dos atritos não conseguimos ficar longe uma da outra. E seguimos nos ajudando.

O tempo foi passando, as coisas se ajeitando e os meninos crescendo, Bruno foi morar com sua mãe na Espanha, Carlos me surpreendeu quando ainda menino se propôs a trabalhar na ferragista. Além de muito novo era bastante paciente, vagaroso, achava que ele não levava muito jeito para o comércio, mas tal foi sua insistência que resolvi deixá-lo trabalhar e acreditem vocês que hoje é o meu braço direito, aos cuidados dele deixo a empresa quando preciso me ausentar. Mesmo depois de ter passado aquela fase tão difícil, me libertei da opressão de um relacionamento, concluí minha faculdade, já não precisava mais andar de ônibus, ajudei minhas irmãs a comprar sua casa, Bruno finalmente estava com sua mãe, comprei meu apartamento, ajudei minha mãe a montar o seu negócio de entrega de marmitas e a financiar seu apartamento. Carlos nos ajudando, Pedro Lucas estudando. Mesmo diante de todas essas conquistas não me sentia feliz e muito menos realizada, ao contrário, tinha dedicado boa parte da minha juventude e tanto tempo ao trabalho que havia me tornado uma pessoa amargurada, infeliz, e apesar de estar assídua nos movimentos da igreja sentia vergonha do ser humano em que tinha me transformado.

A sociedade com Marinho já não ia muito bem, vivíamos na empresa à base de diversos financiamentos, as dívidas me consumiam e a minha tristeza chegou a tal ponto que eu não encontrava mais alegria em viver. Inscrevi-me no primeiro acampamento corporativo de Goiânia buscando uma resposta para minha vida profissional e lá Deus curou minha alma ferida e dilacerada, me reconciliei com a minha história, saí restaurada. Antes de ir para o acampamento tinha, por um acaso, feito minha inscrição no Primeiro Programa para Mulheres Empreendedoras do Estado de Goiás, porém, fui convidada a participar depois de alguém ter desistido de uma vaga. Esses dois eventos deram um novo rumo a minha trajetória. Agarrei a oportunidade de participar do Programa com todas as minhas forças e, apesar de sempre ter feito cursos no Sebrae e buscado conhecimento, este foi diferente, eram ensinadas técnicas e ao mesmo tempo mulheres davam os seus depoimentos, contavam suas histórias nas mentorias. Ouvia atenta cada história, concluía todos os exercícios e atividades, durante seis meses mergulhei nos estudos, me comprometi de fato com o aprendizado.

A partir daí dei início a uma transformação, o Programa me ensinou a fazer uma DRE, a estipular metas, a planejar, a identificar falhas na gestão, gerir melhor o estoque, porém, nenhum aprendizado foi mais válido do que a troca de experiências, eram mulheres que se preocupavam com o sucesso de outras mulheres. Entre todas as histórias e depoimentos, jamais esquecerei um fato acontecido comigo. Ao contar a minha trajetória e dizer que não me sentia uma empresária de verdade, uma das mentoras me disse: "Você já é uma empresária, você já é uma empreendedora, você já chegou lá, mas o seu coração ainda não". Parei, olhei para minha história e percebi que tinha sobrevivido, que de fato eu era mesmo uma empreendedora, afinal, a maioria das empresas fecha as portas antes dos três primeiros anos, e em meio a quedas e recomeços já estava há 13 no mercado. Durante o programa fui me redescobrindo como empresária, percebi que amava tudo o que eu fazia, mas não fazia da maneira certa. Então era chegada a hora de mais uma vez recomeçar. Estipulei metas de vendas, cadastrei clientes novos, arregacei as mangas, visitei obras, contratei mais um colaborador, comprei um carro para entrega e, sempre em busca de novos conhecimentos, me propus a sair do círculo vicioso dos financiamentos e quitar todas as dívidas com o produto das vendas.

Eu e Marinho decidimos que era melhor rompermos a sociedade e cada um seguir o seu caminho. Assim, depois de dez anos de uma sociedade construtiva, rompemos sem mágoas, entendemos que era o melhor a ser feito. Comprei sua parte na empresa, mesmo

Daniella Figueiredo

ela estando endividada. Depois de dez anos como Ltda., em 16 de janeiro de 2019 iniciei a Real Ferragista Eireli. Hoje sigo empreendendo e para mim empreender já não é mais uma imposição, hoje eu escolho o empreendedorismo, hoje assumo a escrita de uma nova história. Ainda tenho financiamentos a serem quitados, ainda tenho sonhos a serem realizados, mas hoje sou muito mais consciente do meu papel de ser empreendedora, vejo o quanto minha empresa contribuiu para o desenvolvimento e crescimento da região onde está localizada, hoje posso contribuir para que outras pessoas alcancem seus sonhos, pois através do meu trabalho pude adentrar em muitos lares, comércios, indústrias e igrejas e ajudá-las. Como é gratificante servir aos meus clientes, que, aliás, tenho como amigos. Não há no bairro do Perim quem não conheça a **Menina da Ferragista**, por aqui todos acompanharam a minha trajetória, e me sinto muito feliz e grata em fazer parte desta comunidade.

Tenho consciência de que estou só no começo e que há muito a ser feito, mas, como diz Luiza Helena Trajano, presidente do Magazine Luiza, "empreendedorismo é fazer acontecer independentemente do cenário, das opiniões e das estatísticas, é ousar, fazer diferente, correr riscos, acreditar no seu ideal e na sua missão". E é assim que eu sigo, acreditando, ousando e inovando, tenho consciência das minhas conquistas, mas quero e sei que posso alçar voos muito mais altos porque eu e você somos águias e nascemos para dar certo!

5

Elisabeth Lemes
de Sousa Martins

Histórias e
trajetórias

Elisabeth Lemes de Sousa Martins

Assessora de Gestão Pedagógica da Secretaria de Estado de Educação de Goiás (SEDUC–GO). Doutora em Psicologia, mestra em Letras: Literatura e Crítica Literária pela PUC-GO (Pontifícia Universidade Católica) e graduada em Letras. Atua há dez anos na Educação básica pública estadual, com foco no desenvolvimento das competências cognitivas e socioemocionais de professores e alunos. Pesquisadora sobre carga psicológica, engajamento no trabalho e percepção de justiça, com ênfase em ações interventivas para o bem-estar dos trabalhadores. Professora formadora de professores na perspectiva da Educação sistêmica. É sócia-fundadora do Instituto Essenciar, promovendo assessoria, consultoria e formação continuada de líderes e liderados direcionando para o crescimento humano individual e de equipe.

Contato:

E-mail: bethinhalemes@gmail.com

Nasci em 25 de agosto de 1971, numa fazenda da família no município de Silvânia, em Goiás. Cresci em meio à natureza, curtindo os animais e as plantas, tudo que estava a minha volta foi relevante para eu construir minhas concepções individuais e coletivas. De uma família de sete irmãos, pude entender a importância de respeitar o outro. Penso que desde muito cedo já pratico concepções psicológicas, pois precisei ser resiliente em muitas situações de conflito para conseguir conviver com um conjunto de pessoas, respeitando os modelos mentais de cada uma. Hoje, sou casada e tenho dois filhos que me permitem refletir sempre o meu processo de aprendizagem pessoal e profissional.

O meu perfil profissional teve a base nos primeiros estágios da minha vida, o sentimento lírico do sertão goiano despertou-me para a leitura e a produção textual. Sempre gostei de estudar, o grupo escolar onde cursei o ensino fundamental tinha uma professora dedicada e que valorizava o aluno como um todo. Ela reconheceu em mim o potencial de aprender e ensinar. Assim, fui ouvindo os incentivos e construindo minhas vontades, com base em uma perspectiva de formação humana. Meu ensino básico foi construído na concepção da curiosidade e da pesquisa, sempre fui além do ensinado em sala. Quando cheguei à faculdade de Letras, queria ser escritora, mas, além disso, percebi que também gostava de ensinar sobre o que aprendia. Fortaleci minha formação e a direcionei para a Literatura, especializei-me em Literatura da Língua Portuguesa e me tornei mestra em Literatura e Crítica. De forma paralela, escrevi e publiquei 14 livros de análises literárias.

Meus estudos me permitiram passar no concurso da Secretaria de Educação, onde me tornei professora efetiva, e pelo viés de uma seleção interna de conhecimentos e práticas assumi o cargo de tutora de Língua Portuguesa, seguidamente, as formações dos professores de toda a rede colaborativa de tutoria pedagógica. Hoje, sou assessora de gestão pedagógica das coordenações regionais. As formações cognitivas não bastaram, quis pesquisar os comportamentos dos professores, por isso, tornei-me uma doutora em Psicologia, pesquisando antecedentes de engajamento. A menina simples e humilde cresceu na vida por um sonho decidido e pelo propósito de desenvolver outros seres humanos pela perspectiva da Psicologia Positiva.

Resumindo: sou uma garota nascida na fazenda, tive que mudar para a capital Goiânia para poder estudar; inicialmente, fui babá e empregada doméstica, sem esquecer minhas origens, honrando sempre a humildade de meus familiares. Atualmente, sou uma doutora em Psicologia. Orgulho-me muito por ser mestra em Letras, Literatura e Crítica Literária, graduada em Letras, *coach* Sistêmica, *storyteller*. Tenho formação em autoconhecimento para empreendedorismo. Sou certificada em Positive Experience Game: Forças e Virtudes e Psicologia Positiva. Atuo como pesquisadora sobre comportamento de professores da educação básica com ênfase na carga psicológica, percepção justiça e engajamento. Também sou formadora em desenvolvimento humano e palestrante sobre Inteligência Emocional, Competências Socioemocionais e Desempenho no Trabalho.

Como se pode perceber, fui, ao longo da minha trajetória, adquirindo conhecimentos e me dedicando a várias atividades. Sou exponente da Educação Sistêmica no Ensino Básico goiano, comunicadora oral em congressos nacionais e internacionais de Literatura e Psicologia Organizacional. Atuo também como assessora de Gestão Pedagógica e professora formadora da Seduc-GO (Secretaria de Estado de Educação) e fui do MEC, no PNAIC (Pacto Nacional pela Alfabetização na Idade Certa). Trabalho ainda como professora conteudista e elaboradora de material didático e dou aula em várias disciplinas de pós-graduações na área da docência, com foco no desenvolvimento de pessoas para a complexidade. Em virtude dessas atuações, tenho participado de muitas entrevistas em rede local e nacional para discursar sobre os comportamentos de superação, de dificuldades de aprendizagens dos alunos e dos desenvolvimentos positivos dos trabalhadores, compartilhando assim meus conhecimentos e experiência nessas áreas.

Carreira docente: desafios e oportunidades

Sofri muito preconceito por ser simples, humilde e nascida na fazenda. Muitas vezes fui discriminada pelo fato de minha origem, pois tive que trabalhar em casas de famílias como empregada doméstica e como babá e ser considerada incapaz de aprender. Contudo, nunca me deixei abalar, sempre levantei a cabeça e acreditei em meus potenciais. O que me ajudou a superar os desafios foi o fato de ter um sonho de fazer diferença através da dedicação aos estudos. De maneira inconsciente fiz das condições difíceis meus degraus de superações. O resultado é que me tornei muito melhor do realmente imaginei. Acredito que minha história pode servir como exemplo para outras mulheres que querem ser bem-sucedidas como empreendedoras ou na carreira em que decidirem atuar.

É importante que saibam lidar com as preocupações e dificuldades, para poderem enfrentar os desafios que certamente virão. E isso vale para todas as áreas, não somente na que escolhi.

Tornar-me referência na Educação Básica foi um chamado, pois não me projetei, mas estudei muito e, por isso, meus conhecimentos tornaram-se relevantes para assumir as responsabilidades que esta etapa exige. As dificuldades desta área referem-se aos comportamentos dos indivíduos, pois cada vez mais os alunos nesta fase não têm limites, pouco respaldo dos familiares e os docentes têm o desafio de trabalhar com as competências socioemocionais destas crianças e adolescentes. Não digo que tenho medo, mas preocupações pontuais diante das quais precisamos rever nossas estratégias de enfrentamentos nos espaços escolares, para não sermos vítimas de agressões físicas e emocionais, tornando-nos doentes.

Quando me perguntam como é o mercado de trabalho na minha profissão, por estar em Goiás, digo que não tenho dificuldades, ao contrário. Minha área de atuação é abrangente, por ser de Letras e também pesquisadora dos comportamentos no trabalho consigo atuar em muitas frentes. Atualmente, além de trabalhar na Educação Básica e no Ensino Superior, tenho um instituto que abrange consultoria, assessoria e formações nos campos da Educação, Organização e Psicologia, contribuindo no desenvolvimento pessoal e profissional. Na formação de professores, tenho criado estratégias que contribuem para as competências cognitivas e emocionais, colocando o aprendiz no processo vivencial.

Pode-se imaginar que, para perseguir meus sonhos e ser bem-sucedida eu tive de abrir mão de alguma coisa. Ao contrário, sempre consegui unir minhas forças e virtudes para respaldar os objetivos, valorizando sempre meus familiares, amigos e oportunidades de trabalho. Portanto, sou uma boa esposa, mãe, filha, irmã, amiga e parceira de todos aqueles que querem aprender e evoluir. Acredito que ser bem-sucedida não requer perdas, mas escolhas, deixando claro que é possível se realizar construindo elos significativos entre família, trabalho e prosperidade. Eu escolhi me tornar o que sou, eu me reconheci uma professora, aperfeiçoo-me constantemente para garantir as melhores aprendizagens aos meus alunos, em quaisquer modalidades de ensino.

Como disse, é necessário fazer escolhas e nos aperfeiçoarmos no que pretendemos exercer. Eu, mesmo tendo uma abrangência de trabalho, procuro sustentar o que estudei, adquirindo sempre mais conhecimentos. Ser professora e pesquisadora me favoreceu muitas buscas e numerosas oportunidades em diversas áreas que se correlacionam positivamente com o conhecimento e a prosperidade, e nunca precisei fazer opções injustas comigo ou com outras pessoas.

Empreendedoras de Alta Performance de Goiás

Empreendedorismo na docência: estratégias e possibilidades

Minhas estratégias em toda a minha trajetória até hoje se pautaram na superação, no otimismo, na esperança e na justiça, pois sempre busquei os comportamentos mais positivos para conseguir atingir meus objetivos, sem ser antiética ou desmerecer alguma pessoa para alcançar algo. Hoje, eu entendo que estas são as minhas forças de caráter propulsoras, reconhecidas por diagnósticos e que podem ser potencializadas.

Ser uma doutora em Psicologia da Organização e Trabalho é motivo de orgulho, pois minha formação inicial era muito diferente, não sabia nada de pesquisa quantitativa e análises de dados, com estatísticas avançadas, tive que aprender do início, mas consegui superar essa limitação com esforço e dedicação, terminei com cinco estudos na tese, dois deles considerados inéditos no campo da pesquisa, das variáveis e do método. Sinto um frio na barriga de saber que uma empregada doméstica se tornou uma doutora, apesar de todas as dificuldades possíveis, ainda com muito ineditismo. Um enorme desafio vencido.

Considero que minhas maiores conquistas foram eu me tornar doutora em Psicologia, mestra em Letras e sócia-fundadora de um instituto. Tudo isso contribui de forma efetiva na minha vida pessoal e profissional, sou valorizada em espaços educacionais que são referenciais no país, sou reconhecida como uma personalidade que pode falar dos comportamentos pessoais e profissionais em vários campos das ciências.

Alta performance: da inspiração à realização

Posso dizer que minha família é minha inspiração, especialmente meus avós e meus pais. Meu pai e minha mãe sempre me apoiaram quanto ao desejo de estudar, mas não puderam garantir muitos acessos, pois morávamos na fazenda. Por isso, tive que optar em trabalhar em casas de famílias para estudar, e me mudar do interior para a capital. Na fase da infância, sou grata à minha professora Olivia, que viu em mim facilidades; sou honrada ao meu professor Humberto Milhomem, que na graduação me deu as mãos e possibilitou que me tornasse uma escritora. Sou grata à professora Glaucia Yoshida, pelo chamado para a pós-graduação, em que tenho me tornando referência e sou muito agradecida por ser reconhecida pelas contribuições na educação básica estadual pública. E tenho muita gratidão também ao meu esposo e filhos por serem parceiros ao longo da minha jornada.

Mesmo com todas as conquistas e sonhos realizados, me considero uma pessoa humilde que superou todos os obstáculos para ser feliz. Mesmo sabendo que não seria fácil, nunca desisti, sempre fiz tudo com alegria e amor. Sou uma mulher de fibra e vencedora. Sou contente de estar com a minha família e amigos, sou muito feliz de ter saúde e pelas oportunidades de cooperar com os seres humanos.

Vejo a vida por um olhar positivo, quando me deparo com frustrações, logo penso nas habilidades que possuo para superá-las, assim, busco o equilíbrio nos meus melhores sentimentos. Há algumas frases de Heráclito de Éfeso (pensador e filósofo pré-socrático considerado o " Pai da Dialética") que posso dizer que me motivam ou me fazem refletir: "Tudo flui"; "Nada é permanente, exceto a mudança"; "Ninguém entra em um mesmo rio uma segunda vez, pois quando isso acontece já não se é o mesmo, assim como as águas, que já serão outras".

Gostaria de acrescentar neste livro, com várias das mulheres empreendedoras de Goiás, que tenho muito orgulho do meu Estado e da capital onde vivo e da cidade onde nasci. A bandeira do meu estado representa o desbravamento de um povo, da luta para ser um espaço de reconhecimento e prosperidade, porque Goiás antes não era visto como um lugar com possibilidades de crescimento, e hoje é referência para o país em muitos campos de atuações, especialmente, a Educação Básica pública estadual é uma das melhores do Brasil. As cores verde e amarelo representam esperança e vida. Somos um povo de vitórias.

Ao finalizar, como mensagem para as leitoras de todo o Brasil sobre perseguirem seus sonhos e serem bem-sucedidas, destaco que o alcance dos objetivos perpassa pelo autoconhecimento. Reconhecer as suas forças de caráter e virtudes traz equilíbrio, determinação e coragem para lutar pelos seus desejos, mas não aqueles "desejosos", de pessoas que ficam no ponto de largada, imaginando a chegada, sem sair do lugar. Logo, é necessário que sejam desejos decididos, que valorizam o caminho e superam os obstáculos.

6

Fabiana Oliveira

Uma atividade apaixonante

Fabiana Oliveira

– Mestre em Educação pelo USM/SP.
– Especialista em docência universitária.
– Especialista em Gestão de carreira.
– Graduada em administração de empresas.
– Coaching certificada pelo ICI/IPOG.
– Coaching Sistêmico Método Vida.
– Consultora de imagem.
– Professora Universitária.
– Palestrantre.

Cheguei em Goiás em 1986 aos dez anos de idade, mais precisamente na cidade de Senador Canedo, região metropolitana de Goiânia, vindo com minha família de Uberlândia, em Minas Gerais. Foi uma mudança drástica, pois saímos de uma cidade com uma grande estrutura para morarmos na zona rural, sem energia elétrica. A cidade mais próxima ficava a cerca de 3 km de distância, percurso esse que fazíamos de bicicleta, atravessando o pasto, debaixo de cerca de arame e correndo das vacas, para que pudéssemos estudar.

Foi um recomeço de vida bem difícil. Nessa época eu fazia o 4º ano do ensino fundamental, e foi muito complicada a adaptação, pois estava saindo da zona urbana para a zona rural, quando a maioria das pessoas faz justamente o movimento contrário. Meu pai sempre trabalhou muito para sustentar a mulher e os três filhos, minha mãe sempre foi dona de casa, tarefa que ela sempre exerceu muito bem, além é claro de cuidar da nossa educação.

Tivemos que aprender a mexer com a terra e cuidar dos animais, tarefas a que não estávamos acostumados, nessa época éramos eu e meu irmão, sou a mais velha, minha irmã caçula veio dois anos depois da nossa mudança, quando minha mãe achou que já não iria ter mais filhos, foi um susto e ao mesmo tempo um presente para nós.

Meu pai sempre foi motorista de ônibus, entre um emprego

e outro ele plantava e colhia, chegamos a vender hortaliças na feira da cidade para ajudar no sustento. Lembro-me de que foram anos de grandes dificuldades a serem superadas, muitas privações e necessidades, mas meu pai sempre se esforçou para que não faltasse o básico em casa, isto é, a comida, o que muitas vezes também faltou, por mais que ele se esforçasse. Mas sempre tivemos muito apoio dos parentes, minha madrinha e meu padrinho, que moravam em Goiânia, sempre nos ajudaram, como também amigos e vizinhos que colaboraram de alguma forma, nos ajudando de várias maneiras.

Quando completei 12 anos, percebi que tinha de fazer algo para ajudar meu pai, já que ele sustentava a casa toda, e o dinheiro era sempre curto, contado e regrado. Decidi então fazer alguma coisa para tentar ajudar. Minha mãe conheceu a dona de um salão de beleza na cidade o qual frequentava de vez em quando, pessoa boa, humilde e muito trabalhadeira e que precisava de uma manicure para ajudar a atender as clientes no fim de semana, pois ela fazia tudo sozinha. Minha prima, filha dos meus padrinhos, trabalhava com cabelo, unha e maquiagem. Como sempre fui muito vaidosa, nos fins de semana quando íamos até Goiânia gostava de ficar olhando-a fazer seu trabalho e acabei aprendendo, então decidi pedir uma oportunidade à dona do salão para que pudesse trabalhar com ela.

Foi o meu primeiro emprego. Imagine uma menina de 12 anos fazendo unha em um salão de beleza. Recordo-me que as clientes chegavam e perguntavam para a dona: "Mas ela é uma criança?" Eu não me importava, queria muito trabalhar e ter dinheiro para comprar minhas coisas e poupar meu pai. Por muitas vezes eu levava a boneca para o salão, e entre uma unha e outra eu ia brincar. Como o salário era pouco, decidi que podia fazer mais. A dona do salão vivia se desdobrando entre os afazeres da casa, os cuidados com os filhos e o atendimento das clientes, então me ofereci para cuidar da casa e das crianças durante a semana para ela, e dessa maneira consegui ganhar mais um pouco. Com esse dinheiro conseguia comprar material escolar, uniforme, e coisas pessoais, porque já estava ficando uma mocinha.

Aos 14 anos eu fui para o ensino médio e aí enfrentamos a maior dificuldade, pois a escola só oferecia o curso à noite. Como sair de casa de bicicleta de noite, no meio da estrada e voltar às 22h30 para casa sozinha? Meu pai viajava a trabalho, minha mãe não tinha como deixar meus irmãos sozinhos para me buscar. Foi aí que minha professora de Inglês, Brasimar, que já me conhecia desde o fundamental, vendo a nossa dificuldade e a minha dedicação aos estudos, nos ofereceu a casa dela para pernoitar após a aula. Foram dois anos pernoitando na casa dela e indo embora no outro dia cedo para casa. Tenho muita gratidão e devo muito a essa professora, nos tornamos amigas e confidentes.

Muitas coisas aconteceram ao longo deste percurso, eu continuei a trabalhar no salão como manicure, mas tinha a cabeça cheia de sonhos, como via muita televisão (vejo até hoje) sempre me encantei com o meio artístico, então decidi que era hora de mudar, não queria ficar ali na cidade do interior, na zona rural, eu queria mais... Queria mudar minha história, ser alguém muito melhor. Nesta época também veio o meu primeiro amor de adolescente, que se tornou meu marido (Leonardo), pai dos meus filhos, outro sonhador e também cheio de vontade de mudar a sua história.

Mesmo apaixonada e contra a vontade de meu pai, larguei tudo em Goiás e me mudei para São Paulo em 1992, fui morar com minha avó, que já residia na cidade há 20 anos e se dispôs a cuidar de mim e me ajudar a ter uma vida melhor. Outro recomeço difícil, fui em busca do sonho de ser uma artista, trabalhei como modelo, fiz teatro, porém, este é um mundo muito seleto, e são poucos os que têm a sorte de adentrar nele. Então eu percebi que teria de seguir outro caminho, terminei o ensino médio e fui trabalhar, precisava... Consegui um emprego em um salão de conhecidos da minha avó também como manicure, pois já tinha muita experiência, e lá conheci muitas pessoas que me ajudaram a construir minha carreira profissional.

Trabalhei como escriturária no Banco Bradesco alguns meses, tive a oportunidade de fazer um curso de computação que na época me abriu várias portas. Depois trabalhei em um escritório de contabilidade como auxiliar administrativo, meu primeiro emprego de carteira registrada, aos 17 anos. Foi nessa época que me encantei pela área administrativa e resolvi prestar vestibular para Administração. Foram noites inteiras acordada até tarde me preparando, queria muito entrar na faculdade pública, a Universidade de São Paulo (USP), pois não ganhava o suficiente para pagar uma particular. Cheguei a passar na primeira fase da Fuvest, porém, era um vestibular muito concorrido, com pessoas muito mais bem preparadas do que eu, e, enfim, não consegui.

Mas a vontade de vencer era maior, por isso não desisti. Surgiu uma vaga de vendedora de gráfica próximo a minha casa, o salário era um pouco melhor, então decidi disputar a vaga para o telemarketing. Para isso éramos submetidos a testes de informática, apesar de ter feito um curso, não tinha tanta prática, mas resolvi insistir, e que bom que eu insisti, pois consegui a colocação. Em menos de quatro meses na área do telemarketing consegui bons resultados, muitas vendas por telefone, foi aí que meu gerente me ofereceu a vaga de vendedora de rua, disse que eu era muito carismática e que iria me sair muito bem. Com a cara e a coragem decidi aceitar o desafio, mesmo sendo a única mulher no grupo.

Em seis meses que estava nessa função consegui ser a vendedora número 1 da gráfica, desbancando os homens que já atuavam há anos na empresa. Foram muitas caminhadas com uma pasta na mão, sem hora para comer direito, horas em ônibus e metrô dentro de uma metrópole gigantesca, mas consegui fechar negócios com empresas muito conceituadas. Então entrei para uma universidade particular e iniciei o tão sonhado curso superior. O dinheiro que ganhava como vendedora era um pouco mais do que a mensalidade do curso, mas que alegria poder pagar... e realizar o sonho de fazer uma faculdade.

Fiquei em São Paulo até fevereiro de 1996, quando decidi voltar para Goiás. Nesta ocasião meus padrinhos haviam se mudado para Brasília, então fui trabalhar em uma gráfica na cidade e morar com eles, reencontrei o meu amor de adolescente, depois de algumas idas e vindas voltamos a namorar, ficávamos juntos quase todos os finais de semana em que vinha para Goiânia, e em um desses encontros engravidei do meu primeiro filho, o Matheus Augusto. Apesar do susto, da insegurança e do medo que essa concepção me causou, sem dúvida foi o melhor presente que a vida me deu, eu tinha planos para minha vida, mas Deus tinha planos muito maiores... constituir uma família.

Então larguei tudo e fui viver o momento mãe, dona de casa e esposa, não foi fácil, passamos muita dificuldade, éramos novos e inexperientes, mas existia muito amor entre nós, e muita força de vontade de vencer. Em 1999, eu voltei para a universidade, tinha que terminar o curso interrompido pela mudança de cidade e também pela maternidade.

Consegui uma vaga como professora na antiga escola em que estudei, na qual meu esposo também já era professor. Cheguei a lecionar em três períodos, para ajudar nas despesas juntamente com ele. Consegui pessoas de confiança para olhar nosso filho e fomos à luta, para não deixar que nada faltasse a ele.

Em 1999, quando retornei para a faculdade, consegui uma colocação de estagiária em uma concessionária da Volkswagen em Goiânia, fui trabalhar na área de consórcios como auxiliar administrativo, o salário era pouco, porém aceitei o desafio, pois precisava atuar na área administrativa por conta da faculdade. Nesse tempo deixei as aulas no colégio, pois trabalhava durante todo o dia e estudava à noite. Acordava às 5h30 da manhã todos os dias e chegava em casa por volta da meia-noite, porque trabalhava e estudava em Goiânia, e ia e voltava todos os dias para Senador Canedo.

Foram tempos difíceis, ficava longe do meu filho a semana inteira, meu esposo continuava a dar aulas no colégio, em cursinhos, e cuidava do menino à noite para que eu estudasse. Tive muito apoio dele, sempre me incentivou a estudar e a buscar uma vida melhor para nós, trabalhamos e estudamos arduamente durante muitos anos e fazemos isso até hoje. Mas sem ele confesso que não teria chegado até aqui.

Fabiana Oliveira

Foram dez anos nesta empresa, entre idas e vindas, cheguei a sair quatro vezes, trabalhei em outra concessionária, porém sempre voltei para o meu ponto de partida, fui muito influenciada por uma diretora dessa empresa, a Elis Régia, mulher forte, guerreira, inteligente, queria muito ser como ela, me ensinou várias coisas na área administrativa, e trouxe para minha vida uma inspiração... Sem contar as minhas grandes amigas Heloisa e Daniela, do trabalho para a vida, juntas formávamos uma equipe maravilhosa, com muita dedicação e amor pelo nosso trabalho.

Durante esse tempo as coisas melhoraram muito, eu concluí o curso superior, fiz uma especialização em Docência, pois a veia de professora sempre pulsava forte, e também tive meu segundo filho, Nathan, outro presente em nossas vidas. Meu marido concluiu a faculdade, fez especialização, mestrado e conseguiu um emprego muito bom na universidade onde eu estudava. Nossa vida teve uma reviravolta grande, tivemos alguns problemas familiares que nos abalaram profundamente, porém, seguimos firmes em busca do melhor para nós, e estudar e trabalhar sempre foi o único caminho.

Em 2008 meu marido recebeu uma proposta que transformou nossas vidas, ele foi convidado a trabalhar como diretor pedagógico de uma instituição de pós-graduação que até então estava ficando bem conhecida não só em Goiás, mas no Brasil todo. Um desafio muito grande, mas esse era o momento de ele mostrar o quanto seu esforço iria valer a pena. Seis meses depois que ele adentrou na empresa, surgiu a oportunidade de eu ministrar aulas nessa instituição na graduação, motivada e encorajada pelo meu esposo decidi largar o emprego na concessionária, para aceitar o meu maior desafio, no entanto, a melhor escolha da minha vida... SER PROFESSORA...

Logo depois que terminei a graduação, fiz uma especialização em Docência Universitária, e foi através desse curso que aceitei o desafio de ser professora de graduação. Apesar da insegurança de encarar outro perfil de aluno, tive uma experiência maravilhosa e também muito enriquecedora, várias pessoas me ajudaram nessa caminhada, uma delas foi minha mentora educacional, a professora

Gláucia Yoshida, minha referência em didática do ensino superior. Com ela aprendi a lidar tanto com a parte operacional das aulas, quanto com a parte afetiva e emocional de ser professora. Até hoje minha inspiração... Devo muito a ela.

Através da experiência nesta instituição, consegui vaga em outras faculdades para ministrar aulas, e a cada turma eu tinha mais certeza de haver escolhido o caminho certo.

Já são 11 anos que estou atuando na área do ensino superior, recentemente, em agosto de 2008, veio outro grande desafio, ser professora de pós-graduação, novamente o medo e a insegurança me acometeram, mas novamente encorajada pelo meu esposo e por minha mentora acabei por aceitar mais esse desafio, e está sendo maravilhoso, gratificante poder compartilhar conhecimento com pessoas de diversos cantos do país, realmente descobri meu propósito de vida... Ser professora é mais do que ensinar, é contribuir de forma significativa para o crescimento e desenvolvimento pessoal e profissional das pessoas, esta é minha função...

Atualmente as mulheres que me inspiram no meu estado são empreendedoras de sucesso, a professora Gláucia Yoshida é uma delas, educadora, mãe, e excelente profissional, hoje uma das principais referências na área da educação, com seus cursos de formação de professores e Coaching. Como disse anteriormente, é uma inspiração para mim. Gláucia contribui no processo de construção do conhecimento, essa é a mola propulsora da sua profissão. Professora há mais de 25 anos, ela seguiu os passos da mãe, e o fluxo de seu destino, hoje, com sua ampla experiência e maturação, é ensinar, o que também se tornou o seu propósito de vida.

Outro nome que para mim é fonte de inspiração é o da empresária Danila Guimarães, proprietária de uma loja de grife em Goiânia, em todo o Centro-Oeste e em outras cidades do Brasil afora, cada vez mais dita tendências de moda e comportamento. Começou cedo a trabalhar, sempre com jeito extrovertido e alegre, foi conquistando espaço. Suas clientes no início eram amigas, oito anos depois e muitos desafios superados, a empresária inaugurou uma loja situada em um bairro nobre de Goiânia. Hoje conta com quase 670 mil seguidores no Instagram e cerca de 280 mil fãs que a acompanham pelo Facebook. Ela descobriu que poderia ser sua própria garota propaganda, usa sua imagem para vender seus produtos, o que se tornou sua marca registrada.

Apesar do sucesso, Danila não perdeu a humildade de quem começou de baixo, e venceu à custa de muita persistência e dedicação, um exemplo de empreendedora.

Outro exemplo de mulher inspiradora, com apenas 24 anos, é a empresária Mariana Perdomo, dona de uma das melhores confeitarias de Goiânia. Formada em Gastronomia em 2015, passou um ano trabalhando em casa e em feiras até finalmente abrir a sua primeira loja. Mariana atribui o sucesso ao trabalho duro, ao zelo pela qualidade e à divulgação nas redes sociais. Uma empreendedora jovem, mas com muita vontade de fazer dar certo.

A participação da mulher no mercado de trabalho brasileiro tem ganhado destaque principalmente nos últimos anos. Apesar desse crescimento, uma parte das mulheres ainda tem de passar por dificuldades que muitos homens não encontram, tais como o equilíbrio entre atividades domésticas versus o emprego fora de casa e a diferença salarial. Mesmo com desafios maiores, grande parte delas batalha diariamente para manter ou até mesmo criar seu espaço nas empresas.

Através de uma análise sobre a história da mulher no mercado de trabalho, podemos evidenciar as conquistas e os paradigmas que ainda precisam ser quebrados. Percebe-se que houve um progresso em questão de igualdade de gênero no mercado de trabalho. Entretanto, as mulheres ainda têm menos oportunidade e qualidade de emprego na comparação com os homens.

Desde sempre, a questão do gênero é um obstáculo para o avanço da mulher no mercado de trabalho, já que suas características são relacionadas erroneamente à fragilidade, enquanto o profissionalismo e a capacidade para o trabalho são qualidades atribuídas somente aos homens. Este preconceito contribui para a desigualdade salarial entre homens e mulheres. De acordo com o IBGE, em 2017, as mulheres receberam cerca de 77,5% dos salários pagos aos homens. Entretanto, vale ressaltar que esta pesquisa analisa os rendimentos médios, sem comparar cargos e empresas. Além do mais, a diferença salarial entre homens e mulheres que exercem a mesma função na empresa é proibida por lei. Ainda assim existe uma desigualdade marcante entre os rendimentos pagos às mulheres e aos homens.

Necessariamente, a análise da situação da presença feminina no mundo do trabalho passa por uma revisão das funções sociais da mulher, pela crítica ao entendimento convencional do que seja o trabalho e as formas de mensuração deste, que são efetivadas no mercado.

O trabalho não remunerado da mulher, especialmente o realizado no âmbito familiar, não é contabilizado pelos sistemas estatísticos e não possui valorização social - nem pelas próprias mulheres –, embora contribuam significativamente com a renda familiar e venha crescendo. Na minha opinião, nos estudos sobre a situação da mulher no mercado de trabalho ocorre uma dificuldade em separar a vida familiar da vida laboral ou pública da vida privada, mesmo em se tratando da participação no mercado de trabalho, na população economicamente ativa.

Eu, particularmente, enfrentei vários desafios para chegar aonde estou hoje, dormi na casa dos outros para estudar, como contei anteriormente, fui empregada doméstica, e tive que lidar com o preconceito de ser mulher e jovem, em muitos dos meus empregos tive que provar duas vezes que era capaz de exercer cargos antes ocupados somente por homens com competência. Ainda na área administrativa, em que atuei por vários anos, conseguir cargos melhores e que pagavam mais era praticamente impossível, me vi exercendo tarefas e responsabilidades muito aquém da minha capacidade.

Fabiana Oliveira

Porém, apesar dos desafios, aprendi que não somos menores que ninguém, e que se quisermos podemos, sim, alcançar nossa representatividade feminina, basta ter paciência, foco e muita força de vontade para fazer sempre o melhor. Milhares de mulheres no mundo desejam se tornar profissionais de sucesso, e o primeiro passo para chegar lá é avaliar seus hábitos pessoais e profissionais. Por isso vou citar algumas dicas que acho de extrema importância para o seu desenvolvimento e que fizeram muita diferença na minha vida.

1. **Alcançar metas pré-determinadas:** metas são um conjunto de desafios que deve ser superado em prol de uma realização maior. Digamos que você tenha o objetivo de comprar um carro. Estabelecer metas quantificáveis ajuda a garantir que você não perderá o foco, como sair só uma vez por mês, economizar uma porcentagem de seu salário etc. Depois que estabeleci metas, minha vida teve um norte.

2. **Trabalhar com aquilo que gosta:** o sucesso nem sempre é sinônimo de dinheiro. Trabalhar em algo prazeroso é a melhor maneira de ser bem-sucedido, pois isso significa que você está colocando seu bem-estar em primeiro lugar. Por outro lado, trabalhar com o que você não gosta pode ser desgastante, pois você está se expondo a níveis elevados de *stress* diariamente. Se você está se perguntando como unir trabalho e prazer, a melhor solução talvez seja ter um empreendimento próprio. Assim, você se dedica a algo que gosta e tem mais liberdade para definir seu tempo. Depois que fiz minha escolha por ser educadora me realizei totalmente.

3. **Mais tempo com a família:** outro grande indicador de sucesso é quando o profissional encontra um equilíbrio de suas tarefas a ponto de ter mais tempo livre para aproveitar com a família, os amigos e pessoas queridas. O trabalho deve ser apenas um meio para atingir um objetivo, que é o sucesso não apenas profissional, mas também pessoal. Quando estou com a minha família valorizo cada minuto.

4. **Mais tempo livre para viajar e realizar projetos pessoais:**

além de ter um trabalho, é importante ter um *hobby*, uma ocupação pessoal que não tem nenhuma relação com a vida profissional. Sabe aquele sonho de fazer uma viagem nas férias, conhecer outras cidades e novas culturas? Todos esses projetos são importantes e devem ser realizados. Se você não é capaz de desfrutar desses prazeres, de aproveitar o tempo livre para realizar seus projetos pessoais, você ainda não alcançou o sucesso profissional, pois está abrindo mão de várias vivências por causa do trabalho. Eu amo viajar, um dos meus *hobbies* preferidos, sempre me organizo para conhecer lugares novos, seja em família ou com meus amigos.

Por isso, tão importante quanto ganhar dinheiro é saber conciliar trabalho, família e lazer. Essa é a chave para se chegar ao sucesso, essas dicas me ajudaram muito na construção do meu bem-estar pessoal e profissional.

E foi por esse motivo que decidi ser professora, porque essa profissão me proporcionou conquistar tudo isso. Uma das perguntas que me fazem com frequência é: "Você gosta mesmo de dar aulas?" E minha resposta é sim, amo o que faço e me entrego de corpo e alma a essa carreira.

O Magistério é uma das atividades mais desvalorizadas no Brasil. Não só com relação à péssima remuneração, mas quanto ao estigma social. Não há nenhum incentivo para que um brasileiro se torne professor. E, ao respondermos qual é nossa profissão, dificilmente iremos ouvir como resposta "Poxa, que bacana!". Pelo contrário. O sentimento de pena é quase imediato. Resultado: o Magistério se torna a opção dos desesperados, quando não há mais nada a ser feito.

A simplicidade da resposta é tanta que parece deixar tudo suspenso. Escolhi ser professora porque o Magistério é uma das atividades mais bonitas, mais apaixonantes, mais gratificantes que existem. Árdua, sem dúvida, mas indescritivelmente bela. Conhecer nossos alunos, transmitir conhecimento, receber conhecimento (receber, claro, porque a troca é constante e infinita!), criar laços, ver o

Fabiana Oliveira

desenvolvimento e contribuir para que ele se dê de forma prazerosa. Aprender sempre, muito. Mostrar ideias novas, caminhos novos. Mentiria se negasse que sou, e continuarei sendo, idealista e que acredito com toda firmeza na capacidade de transformação social pela educação. Educação, sim, porque todo professor tem um pouco de educador. Talvez seja ingenuidade, mas receber um abraço no final do dia, ler um *"tô com saudade"* no Instagram durante o fim de semana, ouvir desabafos daqueles que confiam tanto em você que decidem compartilhar um pouco mais de suas vidas... Essas pequenas-gigantes coisinhas fazem com que valha a pena.

Quem já não ouviu que aquele que trabalha com o que ama nunca tem que trabalhar? Eu me divirto dando aulas. Ouço meus alunos, compartilho experiências, rimos todos juntos. Acredito no que faço, acredito nos meus alunos. No potencial que cada um deles tem de transformar a sua própria realidade. No esforço de cada um. "Ser professor não é profissão, é uma missão."

Se eu pudesse dar um conselho para quem quer fazer parte desta missão de ser professor seria: além de ser competente, ter habilidade interpessoal, equilíbrio emocional, precisamos ter a consciência de que mais importante do que o desenvolvimento cognitivo é o desenvolvimento humano e que o respeito às diferenças está acima de toda pedagogia. A nossa grande tarefa como professor ou educador não é a de instruir, mas a de educar nosso aluno como pessoa humana, como pessoa que vai trabalhar no mundo tecnológico, mas povoado de corações, de dores, incertezas e inquietações humanas.

7

Fernanda Leal

Empreender por propósito

Fernanda Leal

Criadora do Método Leal, presente em mais de 18 instituições de ensino, em nove cidades diferentes, e sócia fundadora da FL Desenvolvimento Humano. Graduada em História e mestra em ensino pela UFG (Universidade Federal de Goiás). Possui MBA em Desenvolvimento Humano e Psicologia Positiva, é especialista em Inteligência Emocional e analista DISC®. Tem cursos nas áreas de Flow, Mindfulness, Gamification e Neurociência. Professora de pós-graduação, consultora em grandes empresas, realiza treinamentos voltados para Inteligência Emocional, Alta Performance e empreendedorismo. É palestrante com atuação internacional.

Empreender para mim nunca foi o objetivo final. Na vida adulta, o empreendedorismo foi o caminho que encontrei para fazer o que eu fazia desde a infância: colocar toda a minha energia naquilo que amo e em que acredito. Desde que me lembro (e olha que minha memória é das boas), sempre gostei de promover eventos, mobilizar pessoas, ensinar e aprender. Eu era dessas crianças que brincavam de escolinha e ensinavam os primos e os vizinhos. A Fernandinha, como era chamada, organizou a primeira festa de dia das crianças do bairro com direito a patrocinadores e brinquedos para as crianças aos oito anos de idade.

A verdade é que eu sentia que, no decorrer desta minha trajetória, realizaria grandes feitos. Experimentei, por várias vezes, na infância o sentimento de realização e estava sempre inventando novos projetos. Aos 13 anos, dei minha primeira aula oficialmente, quando substituí uma professora de balé e me senti completamente realizada. Lembro-me, com detalhes, da aula por mim ministrada e do sentimento de realização ao fazer aquilo. Um ano depois, eu assumia minha primeira turma de balé em parceria com um colégio e, claro, no fim do ano organizei um grande espetáculo de teatro, dança e música: *"O mágico de Oz"*, o primeiro de muitos.

Foi assim que, na adolescência, me encontrei como professora de dança, dirigindo espetáculos, grandes realizações e, simultaneamente a isso, assumindo grandes responsabilidades. Em meio a essas conquistas, devo ressaltar que o Ensino Médio e a pressão cultural pelo alto desempenho acadêmico fizeram-me focar no estudo e, assim, deixei de lado o que mais fazia sentido pra mim: dançar e promover eventos culturais. Nesse sentido, relativamente distante dos meus maiores sonhos, deparei-me com o desafio da escolha do curso, que é uma importante decisão. Escolhi ser professora de História, uma vez que a sala de aula era um lugar onde eu me sentia muito bem, mas a verdade é que não existia uma faculdade para me formar em tudo o que eu queria. Meu maior sofrimento era exatamente a ideia de ter que fazer uma coisa só.

Desconectada de mim mesma, passei pela universidade envolvida em diversos projetos, pesquisas, congressos, embora nada daquilo parecesse suficiente. Fiz mestrado em ensino. Fui aprovada em um processo seletivo para professor substituto de uma universidade federal, e, mesmo diante de tudo isso, descobri que não me sentia realizada.

Precisando de fôlego novo e com o apoio dos meus pais, decidi fazer outra graduação e comecei o curso de Biomedicina. Foram anos maravilhosos de aprendizado. Novas conexões, amizades e, nessa época, mais madura, eu já não sentia necessidade de caber em lugar algum, eu simplesmente era. Na metade do curso, tive a clareza de que minha vida era a Educação. Por esse motivo, decidi abrir mão do curso de Biomedicina, mesmo que seja, ainda hoje, eternamente grata a tudo que aprendi e ao quanto cresci nessa área. Na tentativa de me reencontrar, voltei a dar aula de História e dança, e as demandas eram tantas que, oficialmente, dei início ao meu primeiro negócio em sociedade com meu parceiro de vida, o Gustavo.

Nossa empresa, a *Arte e Cultura na escola,* contava com uma equipe de professoras de dança, teatro e música, e elaborávamos, juntos, os projetos de arte em conjunto com o projeto pedagógico que culminava em uma série de eventos ao longo do ano e em um grandioso espetáculo ao final. Empreender foi o que nos possibilitou aumentar a escala de nossa atuação. Foram anos muito felizes, até que, ao final do último espetáculo do ano, pela primeira vez, eu não senti aquela euforia costumeira. Entrei no carro, olhei para o Gustavo e chorei, chorei muito. Ele, sem entender, me perguntava o que tinha acontecido e eu percebi que o choro era de alívio. O fato é que esses projetos já não me realizavam mais, o nível de estresse ao longo do ano não era mais recompensado com um momento apoteótico. Decidi, naquele momento, que eu não faria mais espetáculos e queria sentir felicidade durante o processo, no dia a dia e não apenas em alguns instantes.

Nessa época, eu lecionava História e usava esse espaço de discussão para falar de vida, de neurociência, de método de estudo, de emoções. Fui convidada a dar aula de uma disciplina que embasava um pouco de tudo isso. Sem provas a corrigir e sem o conteúdo de História para ensinar, fiquei apaixonada perante essa imensa, e até então desconhecida, liberdade de ensinar, e minhas aulas passaram a fazer ainda mais sentido. Dediquei-me mais às temáticas de desenvolvimento humano e, a partir daí, fiz vários cursos.

Neurociência, meditação, Psicologia Positiva, Inteligência Emocional, Coaching, terapia, dezenas de livros e *insights* muito poderosos trouxeram-me a clareza de que eu estava desconectada da minha essência. A Fernandinha de outros tempos não teria orgulho dessa Fernanda que não usava seu potencial máximo, que não experimentava com frequência o sentimento de realização. Sobretudo com as práticas de meditação, percebi que, em uma tentativa inconsciente, e inteiramente minha, eu havia diminuído minhas expectativas sobre mim, aceitado menos do que eu desejava, e boa parte disso estava na intenção de me parecer mais com as outras pessoas. Meu entusiasmo, que por muitas vezes fora confundido com prepotência, afastava-me das pessoas. Por isso, em uma tentativa de estar mais de acordo com as pessoas com as quais eu convivia, fui me parecendo cada vez menos comigo mesma.

Foram meses procurando compreender esse processo e tentando me reconectar com o entusiasmo. Trabalhei com questões sobre como não depender da aprovação de todos à minha volta, como me permitir tentar e falhar e, principalmente, retroceder. Nessa mesma época, recebi um convite para fazer orientação de estudos de alunos do Ensino Médio. A sensação era de que aquilo estava muito alinhado ao meu propósito. No início, eu montava os planejamentos para os alunos e logo percebi que seria necessária outra abordagem para que eles mesmos pudessem fazer seus planejamentos, gerando autonomia.

Eu não tinha uma vasta experiência como professora de Ensino Médio e isso foi maravilhoso. Meu olhar para aquele universo era de estranheza. Adolescentes cabisbaixos, cansados, fatigados. Quando eu lhes perguntava sobre felicidade, respondiam-me que não eram felizes, mas que pretendiam ser depois que passassem no vestibular.

Observando as necessidades dos alunos, passei a elaborar intervenções de Psicologia Positiva, exercícios de gratidão, perguntas poderosas, práticas de meditação, e os resultados das intervenções foram impressionantes. Quando me dei conta, havia criado um método. Aquele que, carinhosamente, meus alunos chamavam de "método da Fernanda" tornou-se o Método Leal.

Sentindo-me mais segura até mesmo para me permitir errar, comecei a postar nas redes sociais, pela primeira vez, as práticas que realizava com meus alunos. Meditação, palestras, atendimentos individuais, *feedbacks*. O alinhamento das minhas práticas com o meu propósito de vida era tanto que, com tranquilidade, comecei a gravar vídeos e falar da minha verdade para quem quisesse ouvir.

O interesse de pais, alunos, professores e donos de escola foi enorme. O Método Leal tinha se tornado algo tão grande que a Fernanda, pessoa física, já não era o suficiente. Além dos convites de escolas, meu posicionamento nas redes sociais trouxe-me convites de outros campos: passei a dar palestras em empresas, ministrando treinamentos de Inteligência Emocional e realizando formação continuada de professores. Mais uma vez, empreender foi o caminho para dar vazão à potencialidade desse sonho. Com o maridão como sócio, decidimos abrir uma empresa de treinamento: a *FL Desenvolvimento Humano Ltda*.

Em meio a tanta coisa acontecendo ao mesmo tempo, recebi um convite para palestrar na Universidade de Lisboa, o que veio validar nossa vontade de empreender com o propósito de promover habilidades socioemocionais em jovens e adultos. Haja vista a urgência de expandir um negócio cuja base era um sólido projeto de vida, vendi meu carro e, com o dinheiro, contratamos uma empresa de inteligência de negócios para incubar nossa empresa; pagamos as taxas de abertura, o desenvolvimento da arte, contratamos uma estagiária, compramos as passagens para Lisboa, fechamos o primeiro contrato com uma grande escola de Goiânia e se iniciava uma nova etapa em nossas vidas.

Nossa primeira ação foi um *workshop* pré-Enem em um hotel tradicional da cidade. Tínhamos 16 dias entre a decisão de realizar o evento e a data que o precedia. Confesso: foi uma verdadeira loucura. A divulgação pelas redes sociais foi forte, meu cérebro me dizia: "Agora que todo mundo sabe desse evento, já pensou se não vier ninguém?" Era isso, eu estava definitivamente exposta, vulnerável e sem nenhum controle do que estava por vir. Lembro-me das noites de ansiedade, de não conseguir me concentrar em mais nada por conta da preocupação e do medo de não dar certo. Nessa empreitada, a incubadora e meu sócio foram fundamentais. A verdade é que sozinho ninguém chega a lugar nenhum. Pude contar com o apoio de muita gente. Família, amigos e ex-alunos consolidaram a melhor rede de apoio do mundo. E o evento? Um sucesso!!!

À medida que os projetos avançavam, eu me lembrava frequentemente da Fernandinha e a sensação era de que ela estaria muito feliz com a mudança de direção do barco da minha vida, que, por tanto tempo, havia viajado sem direção e fora da sua potência máxima.

Ah, e como toda boa história, a minha também teve algumas reviravoltas interessantes. Lembra da viagem para Portugal? Foi incrível! Dei uma palestra sobre o Método Leal e a receptividade foi maravilhosa. Na volta, cheguei ao Brasil sentindo-me fisicamente mal. O Gustavo me buscou no aeroporto, olhou pra mim e disse: "Amor, você está grávida!" Eu dei risada. Falei: "Imagina". Ele insistiu muito em fazer um exame e eu não queria porque falava que não teria condições psicológicas de fazer um teste de gravidez. Fui vencida pelo cansaço. Fiz o teste. E o resultado? Gravidíssima! Primeiro, veio o pânico. Depois, o choro. E foram vários dias para processar a novidade.

Eu sempre desejei a maternidade, mas os questionamentos que prevaleciam, naquele momento, eram unânimes: logo agora que a empresa estava indo tão bem? O medo era enorme e tomamos a decisão de esperar alguns meses para contar pro mundo. Só mesmo os familiares mais próximos ficaram sabendo e comemoraram com a gente. Foram quatro meses vomitando e trabalhando. Eu fazia pausa em palestras, vomitava e voltava como se nada tivesse acontecido. Reorganizamos o calendário, agrupamos as palestras e eu superei todos os limites possíveis na gravidez. Cheguei a ministrar oito palestras em uma semana.

Fazendo uma breve avaliação da empresa até este exato momento, o Método Leal já foi implantado em 18 instituições de ensino, e mais de 5 mil alunos já aplicaram a metodologia. Com o objetivo de validar cientificamente a eficácia do método, comecei a aplicar questionários de autodiagnóstico antes, durante e ao final dos projetos nas escolas e publiquei artigos científicos analisando os resultados, que incluem aumento nas emoções positivas, diminuição de ansiedade e aprovação no Enem e nos mais diversos vestibulares. Além dos projetos em parceria com as instituições de ensino, realizamos regularmente *workshops* em Goiânia e em outras cidades também. Montamos um curso online do Método Leal a pedido dos seguidores de outros Estados e lançamos um canal no YouTube com dicas e muito conteúdo para os estudantes.

Com a repercussão positiva do Método, além do fato de os meus ex-alunos, mesmo depois de terem iniciado a graduação, continuarem a aplicar o Método Leal, os resultados positivos dos estudantes começaram a chamar atenção de professores e estudantes universitários. A organização, a disciplina e o equilíbrio emocional dos alunos por nós acompanhados destacavam-se entre os demais. Muitos ex-alunos me procuravam em busca de uma adaptação do Método Leal para a faculdade, que apresentava outras demandas. Passei a atender estudantes universitários e realizei dezenas de palestras em faculdades públicas e privadas em todo o estado de Goiás. O triste aumento de suicídio entre os estudantes fez com que os responsáveis por cursos de graduação percebessem a necessidade de serem trabalhadas questões como inteligência emocional, felicidade, realização, como lidar com frustração, propósito e produtividade nos estudos. A partir dessas experiências e percebendo a necessidade real de uma intervenção, criei o Método Leal 2.0, uma metodologia voltada para universitários e pós-graduandos que desejam mais produtividade, felicidade e uma carreira de sucesso.

Mediante experiências em cursos *in company* e em palestras realizadas para outras empresas, percebi a necessidade clara de um curso voltado para adultos que desejam um olhar novo para si mesmos, para a vida e para as suas emoções. Assim, surgiu o Vida Plena, nosso *workshop* de desenvolvimento humano. Nosso mais recente projeto – e digo nosso com muito orgulho porque agora somos uma equipe trabalhando com um mesmo propósito – é o 4MIND, o Mastermind para empreendedores, realizado em parceria com a qual compartilho minha expertise em Inteligência Emocional e empreendedorismo.

Como nem tudo acontece de modo retilíneo, cabe compartilhar um fato que transformou e continua a transformar minha vida: ao final do ano de 2018, deparamo-nos com o nosso melhor susto! Nossa Malu chegou dia 31 de outubro e orgulho-me muito em dizer que finalizamos todos os contratos com os clientes, realizamos todas as palestras e eventos programados e, quando ela chegou, pudemos parar tudo para recebê-la. Os desafios agora são outros, conciliar maternidade e vida profissional não é nada fácil. Sinto que estou passando por mais uma grande transformação na minha vida.

Fernanda Leal

O ritmo com um bebê é muito diferente, existe o tempo dela, que é diferente do meu. Nem sempre me reconheço, a Fernanda mãe é alguém que ainda estou conhecendo. O tempo de estudo, o tempo de descanso, o tempo com certeza é um dos meus maiores desafios agora.

No momento em que escrevo este capítulo, estou completamente imersa na descoberta desse meu novo eu. A Malu tem me ensinado muito sobre a importância das pausas, do estado de presença e da força da família. Se hoje consigo realizar tantas coisas, sem dúvida nenhuma é porque posso contar com o apoio e a ajuda da minha família. Meus pais, minha irmã e o Gustavo formam a melhor equipe do mundo e juntos vivemos a alegria de ter a Malu em nossas vidas.

O que vejo olhando para o horizonte são mais projetos transformando a vida de mais pessoas, novas conexões e uma Fernanda mais madura, segura e pronta para enfrentar novos desafios. Junto com as responsabilidades de uma empresa que cresce e tantas vidas que se conectam a nós, tenho agora uma parceira de aventuras e mal posso esperar pra descobrir o que viveremos nos próximos anos!

Para você que lê este livro, digo, de coração aberto: ocupe-se em produzir, em trabalhar, em ser feliz e, acima de tudo, atente à sua voz interna. Procure seu propósito, e lembre-se de que, não, você não encontrará isso em um livro ou em uma palestra. Encontrar seu propósito é desenvolver a capacidade de ouvir seus pensamentos mais sinceros sem críticas ou julgamentos. Autoconhecimento é a chave do sucesso e, quando dedicação, entusiasmo e propósito se encontram, os resultados são extraordinários. Gratidão por este tempo que passamos juntos e, mais uma vez, vale lembrar:

Conecte-se com a sua essência, o que você procura está dentro de você.

8

Gerdane Brito

Desenvolvimento constante e amor ao aprendizado

Gerdane Brito

Filha, esposa, mãe e empreendedora por paixão. É *CEO* e *founder* da Academia da Aprendizagem. Graduada em Administração, especialista em Gestão Empresarial pela FGV (Fundação Getulio Vargas) e mestranda em Administração com foco em Educação Corporativa. Personal & Professional Coach e Positive Coach pela SBCoaching, utilizando, assim, a Psicologia Positiva em seus trabalhos. É Practitioner em PNL (Programação Neurolinguística). Iniciou sua vida profissional ainda jovem como professora de Inglês. Permaneceu por mais de dez anos na Aviação Comercial como Comissária de Bordo, conhecendo diversos países do globo, além de exercer a gestão de pessoas e liderar projetos nacionais e internacionais ainda neste segmento. Empreendeu no varejo, atuando como Diretora Administrativo-Financeira por quatro anos.

Contatos:
E-mail: gerdanebrito@outlook.com
Instagram: @academia.aprendizagem
Facebook: @academia.aprendizagem

"Acredito que não descobrimos nosso propósito, mas o escolhemos, defendendo uma causa, talvez aquela mesma que lhe proporcionou o necessário para chegar até onde você chegou." Gerdane Brito

Venho de uma família de grandes mulheres guerreiras por parte de minha mãe. Brito me traz a força. Percebo hoje que viajar os 150 km de duas a três vezes por semana para estudar Inglês na cidade mais desenvolvida do Vale do São Patrício não foi tão fácil quando me deparo com as lembranças daquela época em que, minha mãe e eu, juntávamos as forças necessárias para cumprir parte de nossa missão juntas. De um lado, ela, já mãe de três e casada, estudando Pedagogia para que pudesse reforçar seus conhecimentos em sala de aula mesmo já estando em uma desde muito cedo; de outro, eu, aos 15 anos, alcançando meu primeiro grande objetivo de aprender a língua universal, a qual me traria possibilidades de expandir fronteiras.

E assim se fez: minha mãe, Cecília, se formou e se especializou. Todos os esforços dela permitiram o auxílio no sustento de nossa família, pois meu pai, homem de grande honestidade, tornou-se empreendedor após algumas frustrações no garimpo de esmeraldas no norte do estado e nem sempre ele ia bem no comércio, como esperado. Desta forma, ela conseguia com toda sua força ajudar nosso pai a manter as despesas de casa e, além disso, nos passar um grande referencial da importância da educação e do conhecimento. Hoje em dia eu brinco que sou fruto do exemplo dos dois: sou a empreendedora que decidiu estudar Administração e se especializou em levar a educação em forma de desenvolvimento humano para as organizações, fornecendo a mistura acertada chamada de Educação Corporativa às empresas, como dito no nome, mas também aos indivíduos.

...E assim nasce a Academia da Aprendizagem, em meio a este novo livro, uma remodelagem de minha empresa anterior para este mundo corporativo. Nossa nova empresa nasce diferente. Sua criação tinha uma única restrição: nascer através de um modelo de negócios que permitisse realizar algo a mais para o mundo, pelo mundo, a partir de nossos serviços; como exemplo para os demais empresários, de forma a alavancar um capitalismo mais consciente, mais envolvido em causas nobres e sociais. Aqui é onde a minha empresa deseja perder a visão de melhor do mundo e entrar no rol de melhores para o mundo, na verdade, estando apenas entre uma delas. Tudo isso foi gerado a partir de uma expansão de consciência e ampliação de conhecimentos de minha parte; na verdade, a vida foi me lapidando para chegar até aqui. Foi um entender de quem realmente sou através de autoconhecimento; uma busca constante por um propósito maior e, talvez de forma inconsciente, o honrar de meus pais. Observe!

Tive uma infância simples, fui uma criança tranquila, porém, um tanto sonhadora. Mas eu queria mesmo, desde muito cedo, era colocar a mão na massa, agir, fazer acontecer em minha vida. Não via desculpas, nem as procurava em meio às adversidades. Sempre tive em mente uma busca por soluções e sou assim até hoje. Não me contentava com o não, com o pouco, com as condições em que fui colocada quando vim para o lado de cá. Eu era inquieta, no sentido positivo da palavra. Busquei e obtive cada vitória com a graça de Deus, com minha família e ajuda dos amigos que encontrei pelo caminho, mas nunca precisei recorrer a "quem me indicasse", pois, no pior quadro de oportunidades, eu tinha ali o essencial: muita fé, esforço e preparo mínimos que fossem, para o novo cenário.

Olhando para trás nestes 37 anos recentes de vida, sei observar o quanto Deus nos dá hoje o que precisaremos adiante em nossa caminhada. Veja como Deus foi me preparando e me moldando como ser humano: comecei a trabalhar aos 12 anos de idade, dando aulas de reforço de Matemática pela facilidade que tinha nos estudos. Aos 17, ganhei duas salas de aula para lecionar Inglês e Matemática para adultos. Foi desafiador conquistar alunos mais velhos que eu, na maioria mulheres, as quais poderiam ser minha mãe. Continuei ensinando Inglês até meus 20 anos. Já existia uma certa cobrança por mim mesma por dias melhores, mais estudos e uma vida nova. Decidi fazer o curso técnico de Comissário de Bordo porque um de meus maiores sonhos era utilizar meu Inglês e conhecer todo esse mundo à nossa volta, aprender através de novas culturas, explorar o novo, experienciar. Precisei trabalhar no transporte alternativo da capital para manter minhas despesas e pagar meu curso, pois meus pais ainda estavam no interior e eu não conseguia emprego algum ainda tão jovem e sem experiência. Os desafios que passei ao morar nos primeiros anos na capital foram diversos, desde financeiros, quanto emocionais, o que exigiu um amadurecimento mais rápido de minha parte, e isso também somou à minha vida.

Em um estalar de dedos, em 2004, já estava bem instalada em Dubai, nos Emirados Árabes. Morei na famosa Sheikh Zayed Road, no prédio da loja da Starbucks, onde eu poderia me deliciar, rotineiramente, com minhas amigas para longas conversas e um café. Cinco anos dignos de uma princesa no oriente: muitos amigos, viagens inesquecíveis, os melhores restaurantes, passeios inusitados e academias, além de vários chás das cinco no famoso Burj Al Arab. De outro lado, foi a minha maior escola da vida, tanto no sentido profissional, quanto no pessoal. Eu aprendi o verdadeiro respeito a tudo e a todos. Tive grandes amizades com pessoas budistas, hinduístas, muçulmanas; seres humanos lindos por toda sua essência e autenticidade. E foi aqui, em meio a tantos pousos e decolagens, que fui reforçando o meu amor ao aprendizado. Esse amor já existia desde muito cedo ao "brigar tanto" com meus pais para aprender Inglês, por exemplo. Só mais tarde, depois de voltar a estudar, já de volta ao Brasil é que pude entender, verdadeiramente, o significado daquele amor pelos livros, pelos aprendizados da vida: é a minha segunda maior força de caráter, segundo a Psicologia Positiva, perdendo apenas para a minha honestidade, o que de certa forma eu acho até bonito que seja assim!

Gerdane Brito

Mas, vamos voltar aos aprendizados ganhos na *Emirates Airlines*, empresa que tenho orgulho em ter feito parte. Posso afirmar, sem sombra de dúvidas, que estive no segmento no qual mais se treina com excelência os colaboradores no mundo. São universidades inteiras de treinamentos para toda sua tripulação anualmente, renovando todas as carteiras de habilitações de aeronaves, primeiros socorros, sobrevivência e atendimento ao cliente com pensamento de Primeiro Mundo. Adicionado a isso, a integração com colegas do mundo todo, passageiros de todas as línguas e um esforço sem fim para entender o outro, o não-brasileiro em seu mundo particular e único.

Trabalhar com empresas de alto nível de excelência e com um certo *"background* militar" reforçaram o meu perfeccionismo e a exigência por constante desenvolvimento. Antes de voltar ao Brasil, ainda pude receber o prêmio Najm Award, concedido aos comissários com melhor desempenho na empresa.

De volta ao Brasil, me casei e tivemos nossa filha, nosso lar, nossa vida repleta de muito amor e carinho. Antes de nossa filha completar dois anos, embarquei em outro desafio. Trabalhei em uma empresa aérea no estado de São Paulo. Conquistei o cargo de gerente de comissários e pude, mais uma vez, buscar treinamentos fora do Brasil, homologar aeronaves, treinar pessoas, ser responsável por certificações internacionais em minha gestão e desenvolver-me. Tudo isso me preparando mais uma vez para o que estava para vir: o empreendedorismo. Não estava nada fácil conciliar a ida a São Paulo duas vezes na semana e por vezes ficar por lá, enquanto a casa, o marido e a filha estavam em Goiânia. Meu marido é piloto de aeronaves, o que dificultava a situação. Eu já tinha ficado sem a senhora que morava conosco, a qual me ajudava muito, pois ela havia voltado para o interior do estado; meu pai estava em tratamento contra o câncer e nossa filha participava das quimioterapias com meus pais, pois eles me ajudavam neste cenário atípico. O encontro com o marido estava um tanto sacrificado também. Eu não poderia me sentir bem mantendo-me naquela situação em que não havia congruência para alguns e assim precisei romper com a empresa privada. Sempre digo que me reconstruí com base em três pilares: o autoconhecimento, os meus valores e a congruência. E assim foi feito. Decidi encerrar minha história na aviação após ter conquistado tanto por lá.

Há anos eu já falava para meu marido da vontade de empreender e, assim, pesquisamos muito antes de iniciar este movimento, entretanto, tivemos erros como todos os empreendedores, mesmo com toda experiência e capacitação que eu já tinha adquirido e sempre agarrada aos estudos em Administração, Gestão de Pessoas e afins. Esse vírus de empreender existe, mas no meu caso também era fruto genético da família paterna: avô empreendedor, pai empreendedor e a filha seguindo o mesmo caminho. Com isso, empreendi no varejo da capital goiana por quatro anos. Foi uma experiência extremamente desafiadora em vários sentidos, principalmente naqueles mais íntimos, os quais carregamos conosco por uma vida toda: manter nossos valores pessoais e filosofia de vida. Sem demérito algum pelo segmento em que atuava, eu desejava um sentido maior em empreender. Era uma questão pessoal, uma busca por significado, por um verdadeiro propósito de vida.

Já tínhamos faturado perto dos dois milhões anuais, mas as cifras não eram suficientes para manter meu sorriso e meu desenvolvimento. A Psicologia Positiva explica que nossos índices de felicidade estão ligados ao nosso desenvolvimento constante e assim, tanto na teoria quanto na prática, eu já podia afirmar o quanto isso era verdade, pois já tinha chegado ao máximo que eu poderia contribuir ali. Recebemos premiações em Marketing e em excelência em atendimento. Fiz de tudo que era possível para entregar valor aos nossos clientes e não somente preço. Nossa equipe era bem treinada sempre e, muitas vezes, o meu desejo era de desenvolvê-la por inteiro e não apenas treinar; o meu desejo era chegar ao ponto de educar também para a vida, fora dali; uma visão mais ecológica desse todo. Saía dos cursos em São Paulo no domingo e na semana seguinte já levava o "novo" para minha equipe. Certamente era sempre a parte em que eu mais me sentia bem, recompensada, motivada e feliz!

Gerdane Brito

Uma coisa me frustrava: eu não queria passar o resto de meus anos vendendo medicamentos! O amor ao aprendizado e um propósito maior me faziam viajar e sonhar pelo mundo da Educação Corporativa, a qual é um braço de Gestão de Pessoas, filhas da Administração. Eu precisava seguir adiante mais uma vez, me desenvolver, acreditar que eu poderia levar o melhor de mim para os indivíduos, impactando suas vidas através do desenvolvimento humano constante, assim como eu sempre fazia comigo mesma.

Juntando todos esses pedacinhos de minha história, hoje eu entendo o que Deus tem reservado para mim, fazendo-me caminhar por toda esta trajetória já relatada: passagens por salas de aula; por treinamentos rigorosos; gestão de pessoas; sentir o peso da falta do conhecimento nos meus colaboradores; expansão de consciência; empreender em um dos segmentos mais difíceis do mercado para sentir na pele o que o varejista em nosso país passa todos os dias e encontrar soluções; crescer e desenvolver, não somente a mim, mas auxiliar este todo que faz parte.

Desde 2013 comecei uma caminhada insaciável pelo conhecimento e desenvolvimento. Mesmo em meio a todo esse cenário atípico de vida, com o marido na aviação, ora empregada, empreendendo, sendo mãe e até levando o carro na manutenção por falta de tempo dele, eu sabia que deveria continuar com meus estudos, meu processo evolutivo acadêmico e profissional ao mesmo tempo. Com isso, após tomar a decisão de deixar a empresa no varejo, tive a coragem de começar ainda com uma pequena empresa e empreender na área de desenvolvimento humano. Já era final de 2017 quando resolvi re-co-me-çar no empreendedorismo, na mesma área de atuação, preservando meus conhecimentos em Administração, mas me especializando em Educação Corporativa, uma forma mais ampla de treinamento e desenvolvimento humano, relacionada à estratégia empresarial. Nesse meio tempo, entre o final de 2017 e 2019 fui desenvolvendo trabalhos de consultoria em pequenas e médias empresas, treinamentos; alcance de metas e processos de autoconhecimento com o *Coaching*, entre outros.

Atualmente, a Academia da Aprendizagem, nome que me

encanta pelo resultado que o verbo aprender traz, busca ampliar o conhecimento e expandir a consciência de indivíduos e empresas. Ela chega ao mercado goiano com o objetivo de impactar positivamente a comunidade e o mundo através de ações voltadas não somente aos seus clientes diretos, geradores de receita, mas com o auxílio destes dois últimos para que o acesso à educação e ao desenvolvimento também possa alcançar indivíduos menos favorecidos financeiramente.

Acredito que seja a primeira empresa do Brasil a utilizar o modelo Dois-por-um Educacional, remodelado a partir do modelo criado por Blake Mycoskie – americano, fundador da TOM's Shoes –, em um de seus programas de desenvolvimento. O incentivo por trás deste modelo é inspirar pessoas a se desenvolverem auxiliando a desenvolver outras. Ou seja, cada curso vendido através deste programa de desenvolvimento será capaz de levar um curso a outro indivíduo menos favorecido, por exemplo. Aqui, uma verdadeira corrente do bem e para o bem será fortalecida. Mas para quê? O que mais me intrigava neste cenário todo de educação e desenvolvimento é que a grande maioria de cursos potenciais para o aprimoramento do ser humano traz a restrição de terem, em sua maior parte, um preço de venda alto, impossibilitando o acesso por um maior número de indivíduos que até desejam se desenvolver, porém, encontram dificuldades financeiras para tal.

Durante minha trajetória de vida, fui muito presenteada sempre que necessitei estudar. Embora eu tenha estudado a vida toda em escola pública, eu posso dizer que tive excelentes professores, o que me permitiu aprender mais profundamente. Ganhei bolsa de estudos para continuar os estudos de Inglês. Tive os recursos necessários ao longo desta caminhada para ir me mantendo no mundo acadêmico, mesmo tendo um início desafiador para mim e minha família. De vez em quando, ainda ganho bolsas para estudar por aí, pelo mundo afora. Posso afirmar que Deus tem sido muito gentil comigo sempre. Concluindo: por que não oferecer, de forma similar, tudo que recebi deste mundo tão lindo? Eis aqui uma forma de gratidão por tudo e, mais que isso, uma maneira de contribuir para o aceleramento e a continuidade do desenvolvimento humano no mundo.

Gerdane Brito

Gláucia Yoshida

Histórias e trajetórias

Gláucia Yoshida

Doutora em Ciências da Educação, graduada em Ciências Sociais, especialista nas áreas de História, Administração, Psicanálise e Inteligência Multifocal, Docência Universitária, Desenvolvimento Humano e Psicologia Positiva. Master Coach Sistêmico, coordenadora de Pós-Graduação em Formação de Professores – IPOG. Coautora do Método® VIDA.

Nasci em Goiânia, capital de Goiás, em setembro de 1966, durante a ditadura militar. Minha querida mãe, Lacildes, na ocasião uma dona de casa, era uma sonhadora e empreendedora por natureza e com formação em Magistério. Meu pai, Milton, economista e funcionário público dedicado. Uma família simples na qual meus dois irmãos, Raquel e Arthur, foram criados pautados em princípios e valores sólidos. Educação sempre foi a meta de meus pais. Nunca fomos ricos, mas boas escolas de Goiânia não nos faltaram. Minha mãe esperou meu irmão caçula completar cinco anos para retornar à carreira docente. E lá se foi para uma universidade pública tornar-se historiadora. Nesta época, sonhadora e fascinada pela educação, já lecionava à noite em escola pública. Meu pai, sempre nos bastidores, ensinava as tarefas escolares e reforçava valores como integridade, persistência, disciplina e simplicidade.

Aos 15 anos começou minha trajetória como professora. Quando minha mãe, embora raramente, por algum motivo precisava se ausentar da sala de aula, lá ia eu "substituí-la". Tarefa difícil, pois ela era amada e reverenciada pela comunidade docente. Como professora sempre esteve à frente de seu tempo. Em escolas cujas carências iam desde materiais didáticos, salários de professores, estrutura física adequada até mesmo ao afeto nos lares de alunos, e o olhar sincero de um professor supria temporariamente as necessidades dos estudantes. Vi minha mãe investigar a cabeça de alunos em busca de parasitas e, nesta consulta, um afago também era proporcionado. Tarefa nada pertinente ao trabalho docente, mas que com certeza em algum momento fez a diferença na vida dos aprendizes. Assim, cada vez que ia à escola eu percebia uma sucessão de emoções que pela minha pouca idade ainda não conseguia decifrar.

Aos 21 anos, já na universidade e fazendo licenciatura em Ciências Sociais, retornei à escola, como estagiária e pró-labore a fim de aprender o ofício docente. Foi então que vivi os primeiros conflitos da carreira. Havia muito o que fazer e poucos recursos para transformar efetivamente a vida daquelas comunidades. A cada dia na escola eu vivia sentimentos paradoxais, a alegria de fazer a diferença na vida daquelas crianças que me recebiam no pátio quando a abundância era apenas dos sorrisos e nas salas de professores a desesperança, o desânimo e muitas vezes as murmurações por não se ter o que realmente fazer. Meu projeto pessoal era me tornar antropóloga, conviver com outras culturas e conhecer outros povos.

O "acaso" me levou à licenciatura. Fui "retida" por mais um ano na universidade, por ter sido reprovada por falta em Antropologia e assim aproveitei para cursar a licenciatura que era até então opcional ao estudante. Bendita reprovação, nascia ali uma professora, experimentando o maior dissabor de um aluno, a não aprovação, a exclusão, o sentimento de fracasso e o possível "atraso". Sou grata ao professor que, ao me reprovar por falta na disciplina em que eu havia sido a melhor aluna em nota, oportunizou-me trilhar o caminho da docência. E foram os primeiros contatos com professores profissionais, eu uma mera estagiária, uma aprendiz de professor que inocentemente apreciei a angústia de professores, ainda não tinha clareza do que seria isto. Via pessoas tristes, desmotivadas, mas que tinham sonhos e que as circunstâncias os roubaram. Em meus primeiros passos na docência tive grandes desafios. Vi escolas tão carentes que faziam com que professores se tornassem criativos para superar tais lacunas e realizarem seus trabalhos. Desta forma nascia ali também uma empreendedora e sem dúvida com muitas alternativas elaboradas e criatividade.

Após todo estágio probatório iniciei a carreira docente na educação superior. Apesar de alguns cursos na educação básica, entre estes alguns na área de alfabetização, estava claro que minha escolha era por trabalhar com adultos. Até porque as substituições da minha mãe se iniciaram justamente com este público. Fiz então algumas escolhas: lecionar em faculdades com baixa carga horária, com pequenos salários e novamente trabalhar ao lado de professores desmotivados com a carreira, com a estrutura organizacional e por fins infelizes por suas escolhas profissionais. Como era início de carreira, tracei minha meta, por exemplo, definir o nível de ensino em que desejaria atuar, ou seja, educação superior, iniciei uma sucessão de especializações e formações pautadas nesta qualificação.

Um belo dia fui "convidada" a lecionar em uma universidade conceituada de Goiânia, mas o que eu não entendia na época é que o convite pressupunha uma modalidade de trabalho que revelaria um contrato temporário. Assim, o que me pareceu inicialmente convite pelo mérito das minhas especializações, pois nesta ocasião eu já era mestre e especialista em duas áreas, nada mais era do que outra espécie de descaso com o trabalhador da Educação. E nesta IES (Instituição de Ensino Superior) pude realizar trabalhos que eram de fato ofício de professor. Organizei eventos, implantei disciplinas, participei de discussões e acima de tudo tornei-me uma professora que fazia diferença na vida dos alunos. Consequentemente, acabei criando discriminações por parte de coordenadores temerosos de que meu posicionamento político e didático fosse uma ameaça para os demais colegas que ali estavam efetivos e concursados. Eu era apenas uma "convidada". Nesta época eu já era mãe, empresária, dava consultoria em empresas e fui de fato convidada a implantar a Sociologia no Ensino Médio em uma renomada escola de Goiânia. O curioso é que a própria universidade me recomendou para esta grande escola.

A verdade é que mais uma vez eu optei por sair de uma IES pela frustração das relações de trabalho, desvalorização do trabalho docente e postura profissional de professores. Lembrando que

Gláucia Yoshida

em todos os lugares existem sonhadores e gente compromissada efetivamente com a Educação. Na verdade, todos estes fatos culminaram em tornar-me mais segura e traçar metas individuais e assertivas. Decidi abandonar minha carreira de empresária, pois ficava claro a cada dia que eu me tornara de fato uma professora. Com um mestrado em Educação ficavam cada vez mais explícitas minhas convicções políticas e escolhas profissionais.

Tive um belo dia a grandeza e a coragem em deixar de ganhar um bom dinheiro na vida empresarial para ganhar o "pão necessário" naquilo que fortalecia minha alma. Deixei meu belo escritório em uma maravilhosa localização na capital Goiânia para pedir uma vaga em uma universidade privada da cidade que despontava no mercado. Assim, caminhei a pé com um currículo embaixo do braço e lá fui eu apresentar a esta IES meus préstimos. Quando me refiro a ir a pé é porque eram locais próximos e esta breve caminhada me fazia refletir sobre minha trajetória, meus objetivos, meus sonhos. Lá chegando entreguei meu currículo a um coordenador que posteriormente se tornou reitor da instituição. Após uma aula didática para uma banca composta na verdade por dez participantes fui aprovada. E lá se vão quase 19 anos da minha vida. Fui professora de vários cursos e disciplinas.

Por ser da área de Ciências Sociais muitas alternativas se abriram. Ali, portanto, fui coordenadora de pós-graduação e pude implantar o maior de meus projetos profissionais, a formação de professores. Tudo começou com uma capacitação interna para os docentes, após isto implantação de licenciaturas e já são 19 anos trabalhando com Formação de Professores. Aos 52 anos, já somo 30 deles vividos em sala de aula, me dediquei intensamente à formação de professores, muitos brilhantes hoje, que tive a sorte de ter como alunos e aprendizes.

Carreira docente: desafios e oportunidades

Um dos únicos preconceitos que sofri durante a minha trajetória foi o de iniciar a carreira muito jovem, com 23 anos, e ser professora de alunos mais velhos, já formados, e assim tive que superar o obstáculo da idade com a demonstração de competência e acima de tudo respeito pelo outro. À medida que me aproximava de meus alunos, como um ser humano querendo servir ao outro, surgia ali um princípio que ainda hoje se faz presente em minha vida. Estamos aqui para servirmos uns aos outros. E todo conhecimento deve servir como oportunidade para nos tornarmos pessoas melhores.

Acredito que caminhei por uma estrada que aos poucos fui construindo. Na carreira docente fui trilhando conscientemente as etapas necessárias para o alcance de uma alta performance. Assim, escolhi e fiz formações que me permitiram me tornar a profissional que sou. Desde formações óbvias como mestrado, doutorado, além de especializações focadas para a educação e desenvolvimento humano, até as formações complementares e transversais que me permitiram a segurança e os diferenciais para me (re)inventar a todo momento quando os medos, dificuldades e desafios surgiram e surgem.

A área docente é infinitamente promissora em qualquer nível, cidade ou tempo. A carreira docente é atemporal. Todavia, todo professor deve sempre se reinventar. Não só no que tange a técnicas, mas acima de tudo em seu desenvolvimento pessoal. O mundo muda a todo instante e em velocidade cada vez mais acelerada. Logo, quem trabalha com desenvolvimento de pessoas e com o conhecimento deve conhecer, produzir e traduzir o mundo em todas as suas perspectivas e possibilidades. Um professor deve ser um eterno aprendiz. Um sonhador no bom sentido, que acredita na sociedade, na mudança e em um mundo melhor. Isto sim fará diferença em sua postura a cada dia nas salas de aula da vida.

Quanto a abrir mão de algo para perseguir meus sonhos e ser bem-sucedida, eu não diria abrir mão, porque pode dar uma conotação de perdas. Eu diria que eu soube conciliar tudo. Conciliar tempo de trabalho e tempo de lazer, tempo de família e tempo de trabalho. Tempo de estudo e tempo de descanso. Conciliar finanças, como ter e reter, investir e gastar. Em todo tempo fiz es-

Gláucia Yoshida

colhas, plantei sementes, reguei a terra, cultivei e hoje colho os frutos. Tenho uma família que sempre me apoiou e que participou de perto não como mera espectadora, mas como coparticipante fundamental. Meu sucesso não é meu, e sim deles. Meus familiares foram parceiros e atores o tempo todo!

A vida é feita de escolhas e envolve de certa maneira a justiça, que é um conceito amplo. Em várias situações podemos nos achar injustiçadas e mais à frente compreendermos que a rota trilhada realmente foi a escolha congruente. Sucesso também é um conceito relativo. Na sociedade do TER muitos andam errantes em busca do tão famigerado sucesso que muitas vezes causa mais dor que prazer. Dessa forma, o sentido de sucesso tem a ver com os valores de cada um. Acredito que cada um vive em busca do sucesso que para si é mais valoroso.

Empreendedorismo na docência: estratégias e possibilidades

Minha principal estratégia tem como base a perseverança e a disciplina. Sempre que desejei algo ardentemente planejei, foquei e fui cumprindo cada etapa de meus projetos. Não se vence a guerra de uma vez, vencemos batalhas e cada batalha vencida deve servir de insumo para pensar em nunca desistir.

Muitos fatos marcaram minha história até hoje. Desejei seguir a carreira docente e para isto precisava fazer um doutorado. Fui aluna de universidade pública, graduação e mestrado. Só estudei por esta condição. No entanto, ao planejar o doutorado eu já era professora universitária representando IES de renome na minha cidade e este item decidiu o meu ingresso em um programa, ou seja, era necessário buscar um doutorado fora do meu país, pois nossos programas em sua maioria possuem pouquíssimas vagas e com critérios de seleção demasiadamente excludentes. Assim, fiz doutorado fora do Brasil e fui muito bem acolhida, respeitada e pude verdadeiramente crescer intelectualmente e como pessoa.

Realizei muitas conquistas em minha vida de que me orgulho. Como professora consegui me capacitar nos principais níveis, mestrado e doutorado, além de especializações distintas e que ampliaram minha capacidade de atuação. Faço parte de duas grandes e conceituadas instituições de ensino no Brasil e desenvolvi produtos e serviços na área de Formação de Professores e Desenvolvimento Humano. Minhas habilidades como educadora e *coach* se devem ao meu perfil como pessoa, de respeito ao outro e à verdadeira entrega nos meus processos de capacitação. Meus alunos me admiram não apenas pelo que eu lhes entreguei tecnicamente para o exercício de suas profissões, mas acima de tudo pelo que contribuí para transformá-los como pessoas.

Alta performance: da inspiração à realização

Sinto-me privilegiada pois contei desde a infância com o apoio de meus pais, seja pelo investimento em estudos em boas escolas e acompanhamento nos bastidores, seja na fase adulta, com palavras de incentivo e conselhos. Não tive problemas com críticas em relação às minhas escolhas, até porque ser professor nunca foi para quem esteve ao meu lado motivo de opróbrio ou vergonha. Atuo em áreas de destaque, hoje tenho um público especial como o da pós-graduação *lato sensu* em diversas áreas do conhecimento e leciono em vários estados brasileiros. Eu diria para minhas leitoras que, se não sabemos aonde queremos chegar, qualquer lugar serve, mas se tivermos um destino é olhar pra ele com amor, escolher as pessoas certas como parceiras de jornada e de todo nosso coração seguirmos o fluxo!

Sou alguém que nem sempre soube o que queria, mas a vida se encarregou de me inspirar nas melhores escolhas. Eu me defino como uma vencedora!

Isso porque, além das conquistas, houve também frustrações. Mas elas são profundamente necessárias, sem os infortúnios não saberíamos o prazer da vitória, sem as tristezas não saberíamos o valor da alegria e com os fracassos aprendemos o valor das conquistas e nos aperfeiçoamos para chegar a nosso destino.

Gláucia Yoshida

O que me faz feliz, hoje e sempre, é ver minha família reunida, ver a satisfação de um aluno que alcançou uma vitória por algo que aprendeu comigo, terminar uma aula e saber que deixei mais um legado, assim como todas as viagens e passeios por lugares novos, em especial os mares do Caribe.

É importante, seja qual for a profissão e a atuação escolhidas, encontrar motivação. Cito aqui três pensamentos que servem de inspiração para mim:

"Quando permitimos que nosso ego, com seus medos e crenças, dirija nossa vida, não somos fiéis ao nosso Deus interior e às necessidades de nosso ser." (Lise Bourbeau)

"Tudo que rejeitamos, apodera-se de nós. Tudo que respeitamos, deixa-nos livres." (Bert Hellinger)

"Somos assim: sonhamos o voo, mas temermos a altura. Para voar é preciso ter coragem para enfrentar o terror do vazio. Porque é só no vazio que o voo acontece. O vazio é o espaço da liberdade, a ausência de certezas. Mas isso é o que tememos: o não ter certezas. Por isso trocamos o voo por gaiolas. As gaiolas são o lugar onde as certezas moram." (Os irmãos Karamazov, de Fiódor Dostoiévski)

Como mensagem final para as leitoras de todo o Brasil, gostaria de dizer que, de modo geral, nós, brasileiros, não somos tão patriotas se nos compararmos com outras nações. Assim, em relação à bandeira de cada Estado, pouquíssimos celebram o sentimento de pertença. Goiás não é diferente. Viajante pelo Brasil, posso dizer apenas que Goiás é minha casa, aqui me refugio, aqui me sinto bem. Quando viajo e vejo os outros "brasis" melhor compreendo a perspectiva relativista de compreender quem eu sou porque observo e vejo o outro. Com reverência e amor compreendo meu povo, minha terra, meu lugar, meu Goiás, minha cidade, Goiânia!

10

Ju Tolêdo

25 lições de empreendedorismo e uma história de (in)sucessos

Ju Tolêdo

É nutricionista pós-graduada em Nutrição em Saúde Pública e em Atividade Física e suas Bases Nutricionais. Certificada em Marketing Digital, possui MBA em Marketing pela FGV e formação Empretec pelo Sebrae/ONU.

Seus conhecimentos levaram-na ao bicampeonato e um 3º lugar nas três edições em que concorreu no Startup Weekend, competição para criação e monetização de empresas startups promovida pelo Google. Logo após participou como mentora do 1º Startup Weekend Health da América Latina e como organizadora de duas outras edições do evento.

Professora e palestrante em diversos eventos e universidades brasileiras, em 2018 palestrou em duas edições da Campus Party (Brasília e São Paulo), evento considerado a maior experiência tecnológica do mundo.

Atualmente é diretora de Relacionamento da própria empresa, a Cookie Softwares de Nutrição, criada em 2001. Também atua como consultora em estratégias digitais e conteúdos para mídias sociais, profissionais e pequenas empresas. Realizou neste ano de 2019 a 4ª edição do seu evento presencial de Negócios e Marketing Digital: 4º Fórum Marketing Digital de Excelência (#4FMDE).

Goiânia, 31 de março de 1976: olharam para mim e viram que, fisicamente, eu era perfeita. Sem ultrassom na época, fui foco de uma equipe médica curiosa para saber como eu seria, já que a probabilidade de reversão espontânea de uma laqueadura é de 0,5 a 1%. Ou seja: minha vida já começou diferente da maioria. Obrigada, mãe, por não ter acredito no médico que lhe prescreveu abortivos injetáveis para acabar com sua "gravidez psicológica".

Estudei em uma excelente escola: Colégio Agostiniano Nossa Senhora de Fátima. Lá eu era "famosa": aos cinco anos me alfabetizei e fui oradora da turma. Timidez realmente não tinha nada a ver comigo. Pelo contrário: minha tagarelice me ajudou a fazer amizades e conquistar alguns postos de representante de sala. Minha "sorte" era tirar notas boas, porque meu fogo de ariana não me permitia ficar quieta por muito tempo na sala de aula. Isso era um problema para minha mãe, d. Doroty, que sempre ouvia reclamações nas reuniões de pais e mestres.

Aos 16, veio o vestibular. Depois de dez anos tocando piano, optei por não me profissionalizar. Cheguei a pensar em Engenharia de Alimentos, mas meu pai, sr. Júlio, me avisou que, por motivos financeiros, eu teria que escolher um curso em Goiânia. Em 1993 iniciei a graduação em Nutrição na UFG (Universidade Federal de Goiás), após meu único vestibular.

Passados os anos, estagiando no ambulatório do Ciams (Centro Integrado de Atenção Médico-Sanitária) do Jardim América percebi que o processo de atendimento aos pacientes poderia ser melhor. Os planos alimentares, pré-organizados para agilizar o trabalho, eram praticamente idênticos! Algo em torno de dez tipos de dietas. Então peguei uma cópia do material, levei para casa e, em alguns dias, entreguei à supervisora uma combinação que ampliou a prescrição para 35 opções. Ao ver aquilo, a nutricionista Sandra Aguiar me disse: "Juliana, você tem jeito para isso! Já pensou em criar algo que facilite a vida dos nutricionistas? Para agilizar esses cálculos..." Não, eu nunca havia pensado naquilo. Formei-me e continuei anos sem pensar.

1ª lição: faça mais do que lhe foi pedido.

Recém-formada entrei na pós em Nutrição em Saúde Pública. Meu professor de bioestatística foi o dr. Joaquim Tomé, uma pessoa paciente e disponível. Atento à minha "perguntação" em sala, começou a me ensinar Microsoft® Excel. Detalhe: minhas colegas de turma reclamavam porque eu deixava as aulas mais extensas com minhas interrupções. Elas queriam ir embora logo. Diante das retaliações, passei a anotar as perguntas e abordar os professores ao final das aulas. Aula particular :). Ali comecei a gostar da brincadeira.

2ª lição: não perca a oportunidade de aprender com os mestres.

Nessa época eu atendia em uma academia de ginástica e era concursada da Secretaria de Saúde do Estado. Trabalhava com produção de refeições em uma maternidade, mas tinha verdadeiro pavor do lugar[1]. Mesmo assim permaneci lá por um ano e oito meses, até comprar meu primeiro carro e meu primeiro computador. Depois abandonei.

3ª lição: aguente firme e foque no seu objetivo.

Minha segunda pós foi em Atividade Física e suas Bases Nutricionais. Eu 2001 eu já trabalhava exclusivamente no meu consultório, que batizei de Cookie® Consultoria em Nutrição. E como não gostava dos softwares de cálculo de dietas, resolvi criar minhas

---

[1] Os detalhes dessa história estão no meu canal: http://bit.ly/2VcGUYY

próprias planilhas. Lembra lá da dica da Sandra? Pois é... Em pouco tempo as nutricionistas começaram a pedir planilhas para elas.

4ª lição: ouça as sugestões e guarde-as com atenção. Às vezes as ideias vêm de onde menos se imagina.

Foi aí que, ao final do ano, descobri que tinha uma má formação no cérebro: um hemangioma cavernoso. Ele estourou e eu tive um derrame! Tomei anticonvulsivante por um ano e em 11 de dezembro de 2002 passei pela cirurgia. Graças a Deus, muito bem-sucedida (apesar de alguns contratempos tensos)![2] Os cabelos cresceram e minha visão lateral (ameaçada pelo problema) não foi afetada e nunca mais tive nada.

5ª lição: a gente é mais forte do que imagina.

Nesse mesmo ano uma nutricionista visitou a clínica em que eu atendia, em busca de consultório para alugar. Como a proprietária não estava, eu mostrei para ela uma sala livre, bem ao lado da minha. Ela gostou da sala. Assim como eu, não era de "mimimi" com concorrência. Fechou negócio com a dona da clínica e passou a atender seus pacientes na sala vizinha à minha.

Um belo dia essa nutri me perguntou: "Você tem mais pacientes que eu, mas vira e mexe está no shopping ou bebendo água de coco no Vaca Brava[3]... Como você consegue ser tão rápida para calcular as dietas?" Mostrei-lhe as planilhas e ela me pediu que fizesse algumas para ela. Na entrega, o convite: "Posso vender essas planilhas para você?" Eu disse que sim, mas não botei fé.

6ª lição: não seja mesquinho e ofereça algo de bom. A recompensa pode ser muito maior que a sua doação.

Kamilla Morais: essa é a pessoa que deu o pontapé da virada no meu modo de trabalhar. É incrível como muitas vezes não enxergamos nossos próprios potenciais. Até então eu não havia pensado

---
[2] Essa cirurgia deu o que falar na minha família: http://bit.ly/2CRd457
[3] Vaca Brava é um famoso parque de Goiânia, de frente para onde ficava nosso consultório.

Ju Tolêdo

nas planilhas como negócio. Um ano depois que entrei como professora de Nutrição concursada na UEG (Universidade Estadual de Goiás), após sete anos fazendo atendimentos, fechei meu consultório para me dedicar ao que me dava mais lucro. Chorei três dias seguidos por deixar meus pacientes. Encaminhei todos para a Kamilla.

7ª lição: nem sempre dá para fazer tudo que gostamos.

Por outro lado, estava fazendo duas coisas que eu amava: planilhando e lecionando. Fiz diversos cursos de programação, dentre eles, VBA[4] e Excel® avançado. Já se apaixonou? Foi bem isso. Na noite após a primeira aula de fórmulas complexas em Excel® eu fiquei tão pilhada que não dormi.

8ª lição: com tesão é mais gostoso.

Daí pra frente as Planilhas Cookie® só ganharam mercado. As vendas se estenderam a outros estados e eu precisei montar um site. Ao explicar o projeto para a equipe que o faria, eles me convidaram para montar um portal de nutrição com um software online. Deixei a Cookie® em segundo plano e aceitei o convite. Éramos cinco sócios e lançamos o Portal Nutrição em Foco no início de 2008, quando deixei meu segundo concurso, a UEG.

Foi aí que vivi meu maior fantasma profissional. Meu papel era produzir conteúdos de nutrição para o site e para o sistema. Trabalhava, em média, dez horas por dia, com mais dez estagiários orientados diretamente por mim. Os outros sócios eram responsáveis pela parte comercial e pela tecnologia. Ao final de quatro anos e meio o portal tinha 12.000 publicações de nutrição e o software estava no ar: "dava pau" o tempo todo e vendeu, em quatro anos, menos do que a Cookie® vendia em um mês. Eu tinha dado todo meu conteúdo para terceiros, tinha planilhas defasadas e meu produto estava totalmente queimado no mercado.

9ª lição: nunca coloque todos os ovos em uma cesta só.

---

[4] VBA é uma sigla para "Virtual Basic for Applications" e, de forma resumida, permite que o usuário aplique alguns recursos de programação em documentos do Microsoft Office.

Foi então que tive a ideia de unir a formação Empretec com a Certificação em Marketing Digital e criei o 1º Fórum Cookie®. Era hora de confirmar se estava correta a minha percepção de que os nutricionistas estavam precisando aprender mais sobre marketing e negócios (eu tinha me lascado e aprendi muita coisa na marra). E claro: precisava levantar uma grana! A repercussão foi muito positiva e a sala lotou!

10ª lição: busque soluções como se estivesse à beira de um abismo e verá que é muito mais capaz do que imagina.

Ao verem que eu não iria me manter mais na empresa, meus ex-sócios me propuseram ficar com aquele elefante branco por R$ 122.000,00.[5] Entreguei tudo a eles e saí com meu notebook, alguns livros e o conhecimento que eu tinha. Doeu. Muito. Eu estava falida. Juntei a capitalização que eu tinha feito por cinco anos para viajar pela Europa e paguei meus credores.

11ª lição: chorar faz bem.

Antes mesmo desse desfecho, vendo que ia "dar ruim" pra mim, prestei concurso para auditora do Ipasgo (Instituto de Assistência dos Servidores do Estado de Goiás). Entrei. Estava tão dura que usava o cartão de crédito do meu pai para pagar o almoço. Pra variar, eu não me encaixava em nada lá. Mas foi um dinheiro muito abençoado, que ajudou a me reerguer.

12ª lição: tenha sempre um plano B.

Depois de oito meses as Planilhas Cookie ficaram lindas novamente. Para isso eu trabalhei todos os dias, inclusive sábados e domingos. Meu pai me dizia pra sair um pouco e descansar, e alguns amigos se chatearam com meu "sumiço". Eu estava muito focada. Eu dei planilhas para quem tinha adquirido o sistema web e não gostou; visitei clientes em suas casas; eu e Kamilla stalkeávamos comentários em mídias para oferecer benefícios... Passamos a vender mais e melhor que antes.

13ª lição: ter garra dá mais resultado que chorar.

---

[5] Valores atualizados para 2019.

Ju Tolêdo

Sabe... foi muito gostoso perceber que eu estava certa em muitas ideias que meus ex-sócios não quiseram colocar em prática. Muitas vezes me deixei achatar por quatro homens que queriam me convencer de que conheciam meu público. Eles não conheciam.

14ª lição: acredite em si e tome posse do que é seu, querida!

Abandonei meu terceiro concurso. Ufa! Eu não nasci para bater ponto. Não nasci para esperar o descanso no final de semana, o salário no final do mês, as férias no fim de ano e a aposentadoria no fim da vida. Nada contra quem se realiza com este ritmo. Mas, definitivamente, esse não é o meu.

15ª lição: autoconhecimento é vida!

Foi então que minha prima Maja Cristina comentou sobre um curso, um tal de Startup Weekend (SW), que aconteceria em Brasília. Cheguei lá e não era um curso, era uma competição: 130 inscritos e nada mais que 54 horas para montar uma startup. Eu nem sabia o que era startup! Escolhi um grupo: venda online de kits higienizados de frutas e castanhas. Resultado: no domingo, em oito horas, vendemos R$ 2.800,00.[6] Nós vencemos a competição! E o melhor: aprendi e me diverti horrores! A startup "Dia de Feira" me marcou.

16ª lição: o inesperado pode ser delicioso.

Nesse mesmo ano realizei o 2º Fórum Cookie® e participei, com outra equipe, do SW Goiânia. Novamente ficamos em primeiro lugar. Em 2014 competi no SW Rio Favela, como empreendedora social. Criamos a "Pedacinho de Mim" e ficamos em 3º lugar - o que é muito menos importante que o fato de que a empresa está ativa até hoje, no Morro da Providência, proporcionando geração de renda às mães da comunidade. Empreendedorismo social é um resgate profundo sobre se importar com alguém. O que vivi e aprendi sobre pessoas nesse dia vai ficar comigo para sempre.

17ª lição: aprender é uma via de mão dupla.

---

[6] Valores atualizados para 2019.

Então, ao final de 2013 realizei o 3º Fórum Cookie®, com uma pegada mais dinâmica: 150 nutricionistas "criando" suas empresas. Nada de palestras com todo mundo sentadinho, como é típico dos eventos de nutrição! Misturei negócios, tecnologia e comportamento em um auditório lotado de nutricionistas e estudantes. Premiei a melhor equipe com 15 dias de curso de Inglês no Canadá. Foi muito massa.

18ª lição: para ser inovador e criativo é preciso unir ideias aparentemente desconexas e derrubar paradigmas.

2014 foi um ano intenso. Nele iniciei meu MBA em Marketing na FGV (Fundação Getulio Vargas) e comecei a oferecer o serviço de marketing de conteúdo para mídias sociais de nutricionistas.

Só que em 2016 mudei-me para São Paulo. Morei na casa do Ed, um amigaço que me deu uma oportunidade que nunca conseguirei retribuir. Foram nove meses em que administrei a Cookie® à distância. Mas fui flechada pelo cupido e retornei à minha cidade natal. A galera não imaginava que eu, *worklover* declarada, abriria espaço na minha vida para o casamento. Confesso que hoje estou ralando para equilibrar vida pessoal e profissional. Mas nada que me impeça de chegar a um ponto de equilíbrio.

19ª lição: se o amor da sua vida estiver passando, agarre-o.

A administração à distância não foi tão bem-sucedida. Diante dos problemas e insatisfações, minhas e dos meus colaboradores, em 2017, fechei o escritório. Recebi duros golpes nessa fase. Decidi terceirizar etapas do meu serviço e assumi 100% da minha vida de nômade digital. Muito mais simples e econômico.

20ª lição: há males que vêm pra bem.

Foi então que aconteceu algo em que nem eu acreditei: após a participação em duas edições da Campus Party, fui às Campus Brasília e São Paulo como palestrante! Eu, nutricionista, aos 42, transmitida ao vivo pela web, cara a cara com a geração Z. Tremi mesmo! E após 45 minutos de palestra fiquei outros 45 ao lado do palco, tirando dúvidas e recebendo muita energia, cheia de gratidão. Foi mágico!

Ju Tolêdo

21ª lição: se der medo, prepare-se e vá assim mesmo!

Hoje, por uma questão de reposicionamento, novamente rebatizei a Cookie® Softwares de Nutrição. Com a ampliação do meu portfólio, pois passei também a oferecer estratégias e conteúdos digitais, as pessoas ficaram confusas sobre o meu trabalho. E assim criei a minha marca pessoal, Ju Tolêdo, mantendo-a como responsável pelos serviços de marketing digital.

22ª lição: investigue como os outros entendem o seu serviço.

A verdade é que eu não acredito em sorte. Minha fé não me permite acreditar em acasos. Tudo que passei foi bênção, aprendizagem, colheita, ação e reação, lei da atração, efeito borboleta... mas sorte não. Muito menos azar.

Por outro lado, também não acredito que persistência e motivação sejam suficientes para chegar aonde se deseja. É preciso estratégia, networking e estômago. Já fui enganada, caluniada, xingada nas mídias sociais, crackeada[7], plagiada, processada e furtada. Na última rasteira que tomei, em 2017, pensei em desistir. Mas eu já chorei tantas vezes de alegria que não poderia jogar tudo pro alto. O que seria de mim sem meu trabalho? Isso é muito meu. Agora que a festa tá ficando boa eu vou embora? A Kamilla segue ao meu lado, pois ela e meu marido Celso são as duas pessoas que mais me apoiam e insistem para que eu nunca desista.

23ª lição: mulheres podem trabalhar juntas, sem inveja e com amor.

24ª lição: se um homem a coloca pra baixo e quer que você desista da sua essência, fuja dele.

Olha, eu tive e tenho muitos parceiros e verdadeiros anjos da guarda na minha caminhada. Seria impossível citar todos. Gente

---

[7] Cracker [cráquer] é o termo usado para designar o indivíduo que pratica a quebra (ou cracking) de um sistema de segurança de forma ilegal ou sem ética. Este termo foi criado em 1985 por hackers em defesa contra o uso jornalístico pejorativo do termo "hacker".

competente e de bem. Sou imensamente grata a cada um deles. Obrigada por cuidarem de mim, me apoiar, me empurrar pra luta e me abraçar. Vocês são incríveis!

25ª lição: sozinhos nós não somos ninguém!

Mulheres: eu ainda vivo situações de instabilidade financeira. Quem nunca? Perdi dinheiro... Mas confesso que hoje consigo sustentar meus *kir royals* (kkkkk...). Também não conseguirei colocar todos os meus sonhos e ideias em prática. E daí? Nenhum empreendedor é 100% realizado. Podemos até entender que tudo é finito, inclusive nosso tempo. Mas achar que não podemos fazer mais nada é algo que não passa por mentes inquietas.

Quer saber? Eu faria tudo de novo. Mais velhaca, mas faria.

Ju Tolêdo

11

Letícia Guedes

Empreendedorismo aliado ao seu projeto de vida

Letícia Guedes

Psicóloga clínica, já atendeu mais de 526 casais ao longo de sua carreira. É doutoranda em Psicologia, MasterCoach e hipnoterapeuta. Trabalha há mais de sete anos com casais e famílias. Auxiliando nos problemas conjugais e disfunções sexuais, busca levá-los a terem uma vida saudável e feliz. É também mestre em Psicologia pela PUC Goiás, e especialista em Terapia Cognitivo Comportamental, articulista de um grande jornal do seu Estado, escritora e palestrante, esposa do Rogério e mamãe do Benício e da Leonora.

Contatos:

E-mail: draleticiaguedes@gmail.com

www.draleticiaguedes.com.br

www.casaisdealtaperformance.com.br

Toda a minha história com o empreendedorismo começou lá atrás, no meu nascimento. Sou aqui de Goiânia e desde sempre minha mãe me capacitou a ser uma mulher de sucesso, diferenciada, e de valores nobres. Na infância fiz teatro, aulas de capoeira, fiz Inglês e minha mãe sempre se esforçou para que eu tivesse acesso a todo tipo de experiência em nível cultural e intelectual. Levava-me a peças teatrais, museus e isso foi construindo em mim uma vontade muito grande pelo conhecimento, pela cultura e pela valorização do estudo. Os meus pais, principalmente minha mãe, me ensinaram valores nobres, como responsabilidade, caráter, respeito ao próximo, também a ser muito forte, a vencer na vida desde que eu não passasse por cima de ninguém, não desmerecesse e desvalorizasse ninguém. Então quando eu completei aproximadamente seis anos de vida o meu chão se abriu, pois os meus pais se separaram. O divórcio deles foi um dos momentos mais difíceis da minha vida e foi quando decidi que não permitiria que ninguém que estivesse em minha vida passasse por tamanha dor, semelhante à que eu vivenciei.

Eu e a minha mãe com muita força vencemos, superamos e seguimos com a nossa vida, mas foi um evento muito doloroso que me marcou pra sempre. Ao longo de toda a minha vida, minha mãe sempre investiu nas questões culturais e intelectuais, o que acabou me conduzindo a fazer Psicologia. Cursei então a melhor universidade do Estado, com muito esforço da minha família para poder arcar financeiramente com esse compromisso, porque na época era uma das três mais dispendiosas do Estado, além de ser um dos cursos mais caros dentro da instituição de que eu fazia parte, e minha mãe com muita dificuldade conseguiu que eu me formasse.

Assim que me formei acabei alugando um consultório em um setor nobre da capital, e obviamente eu não tinha clientes, fiz um acordo com a psicóloga que era dona da sala, e todos os dias em que tinha os meus horários de sublocação eu ia extremamente bem vestida, levava meu notebook e tentava ser muito agradável e solícita com a secretária e com os demais funcionários e equipe. Todo o tempo que eu pagava pela sublocação do consultório ficava dentro da sala estudando, pensando e traçando estratégias para que pudesse alavancar minha carreira e atrair clientes, já que eu não tinha nenhum. Desta forma, foram chegando os primeiros clientes, na verdade passei quatro meses aproximadamente com apenas um. Ele me pagava 30,00 reais por sessão, então, eu arrecadava cerca de 120,00 reais por mês e o meu aluguel era de 600,00 reais. O meu tio arcava financeiramente com esse aluguel, então me sobravam mensalmente 120,00 reais, que eu investia em cursos, palestras, sempre estava em movimento a fim de alcançar as minhas metas e sonhos.

Outro fator que me motivou muito, que ocorreu em seguida de ter começado a locar esse consultório, foi o relacionamento que iniciei com meu atual marido, na época meu namorado, começamos a caminhar juntos, ele é dentista e eu psicóloga, porém, éramos os dois recém-formados e tínhamos o intuito de crescer profissionalmente, de conquistar algumas coisas em nível profissional e pessoal, pois quando queremos empreender e ter sucesso não podemos focar apenas no profissional, e sim em nossa totalidade, pois acredito que o sucesso seja a harmonia de várias áreas em nossa vida.

Juntos começamos a fazer uma série de cursos, palestras, participar de eventos e essa foi uma situação muito bacana que me fez chegar num patamar diferente, do qual me orgulho muito hoje. E um outro fato que me marcou e contribuiu enormemente para chegar aonde estou atualmente foi quando meu tio decidiu e me comunicou que aquele seria o último mês que pagaria minha sublocação do consultório, eu não me lembro a data exata, mas era ali pelo dia 20 daquele mês e o aluguel vencia até o quinto dia útil, então, eu tinha pouco mais de 15 dias para me organizar financeiramente e arcar a partir daquele momento com o aluguel. Nesse momento eu tinha quatro ou cinco clientes, e ganhava no máximo uns 900,00 a 1.000,00 reais por mês dos quais 600,00 eu teria de pagar de aluguel. Fiquei desesperada, pedi para ele reverter essa decisão pelo máximo de tempo que ele pudesse, e ele não fez por maldade, muito pelo contrário, me explicou que aquela atitude era para que eu assumisse o compromisso de andar com minhas próprias pernas, porque tinha certeza que eu conseguiria crescer por mim mesma e que já tinha feito a contribuição dele. E ele estava correto!

Mesmo muito receosa, sou uma pessoa séria, honro minha palavra e sou comprometida com o que assumo, fiquei preocupada de não dar conta, tive que arregaçar as mangas. Esse foi um fato que me marcou muito positivamente, porque eu tinha certeza que precisaria conseguir pagar aquele compromisso do contrato assinado com a locatária. Comecei a pensar em tudo que eu poderia fazer, várias e várias estratégias para que eu pudesse aumentar o meu faturamento e, consequentemente, o número de clientes. Eu tenho uma frase que carrego comigo há alguns anos que diz "Eu sou filha do Rei, portanto eu posso tudo", o Rei a que me refiro é o Senhor Jesus, e Ele não nos deixa passar por nenhuma situação, nós somos filhos amados de Deus e Ele não nos deixa, não nos permite desonrar o nosso nome, os nossos compromissos, e foi quando pedi para que Ele me abençoasse, e com muito esforço, dedicação, estudo consegui pagar meu aluguel sozinha e começar a crescer profissionalmente e conquistar mais e mais clientes.

Uma das mulheres que mais me inspirou ao longo desta trajetória foi sem dúvida alguma a pessoa que mencionei o tempo todo neste capitulo, a minha mãe, e ela sempre, desde quando eu era criança, me educou para que eu fosse uma mulher muito forte. Quando penso nela, penso nas palavras forte, fortaleza, e todos os obstáculos que foram vencidos por mim e por ela. Os principais eram: não ter clientes, o aluguel caro, o cliente chegar ao consultório e ser atendido por você e não fechar o contrato, clientes que faziam o processo terapêutico e não pagavam, enfim, todas essas dificuldades. Eu fui pensando em possibilidades de vencer uma a uma e me reinventar dia após dia, criava várias formas de fazer diferente. Sempre fui muito criativa e essa criatividade me ajudou bastante nas soluções de problemas que eu enfrentava, além dos medos e dificuldades diárias, mas sempre com a certeza de que eu venceria, sempre com aquela frase que eu disse adiante que me impactou de maneira positiva e me dava forças quando a situação era ruim, desagradável e me pegava de surpresa.

Eu sempre me lembrei que tinha essa missão de vida que era ajudar os casais, construída lá nos meus seis anos de vida, quando os meus pais se separaram, na verdade, eu fui escolhida pelos casais, não sei se foi aos seis anos ou se na vida profissional propriamente dita. O que quero dizer é que eu fiz uma pós-graduação e minha primeira pós junto com a graduação, então, me especializei e me formei ao mesmo tempo. Fui para o consultório já sendo especialista em terapia infantil e mestranda em Psicologia, no meu primeiro mês de atendimento tinha essas duas titulações, entretanto, era muito difícil atrair clientes. Porém, essa missão de vida falava mais alto no meu coração, porque para empreender é necessário ouvir a voz do coração. Por exemplo, eu era terapeuta infantil no início da minha carreira, decorei e comprei uma série de brinquedos para receber essa clientela, mas saibam que ela nunca chegou ao meu encontro, posso contar nos dedos das mãos quantas crianças eu atendi na minha vida toda, só chegavam casais em meu consultório, eu atendia somente famílias.

Então o atendimento a casais tomou uma grande proporção, na última vez que contabilizei, há cerca de dois anos, eu já havia atendido mais de 500 casais, o crescimento da minha empresa ia cada vez melhor, o telefone começou a tocar bastante. De fato eu me apresentava como terapeuta infantil, estava escrito no meu cartão, no site etc., entretanto, só chegavam casais, então eu entendi que essa era minha missão de vida e comecei a lutar por esses casais e famílias. Sem dúvida nenhuma esses são o nosso maior bem, nossa família e nosso relacionamento.

A partir disso eu comecei a criar uma metodologia que pudesse auxiliá-los, foram tantos e tantos casais atendidos que eu pude pegar essa experiência e perceber o que funcionava e o que não funcionava dentro da terapia de casal, o que fazia sentido e o que não fazia, o que gerava resultado e o que não gerava, e a partir desses pontos criei uma metodologia que se chama "Casais de alta performance". Eu decidi que não mais permitiria, como disse lá nos meus seis anos de vida, que outras famílias passassem por essa situação. Iniciei a aplicação dessa metodologia aos casais que me contratavam e foi um verdadeiro sucesso.

Obviamente que na minha caminhada, inclusive atualmente, eu faço ajustes, acrescento algumas coisas e retiro outras de acordo com a minha vivência e experiência que se amplia todos os dias em quase 13 anos trabalhando com desenvolvimento humano. Cada dia é novo e a partir das experiências que vivencio reformulo e melhoro essa metodologia.

Mas o que mais me alegra é essa metodologia poder trazer sucesso profissional, pessoal, familiar, na saúde, na espiritualidade, em todas as áreas na vida dos clientes que me buscam, e é isso a que me proponho. Eu comecei a metodologia aplicando em minha vida pessoal, avalio que a gente não pode cuidar só de uma área em nossas vidas, como estamos escrevendo neste livro sobre carreira, superação, empreendedorismo, precisamos tentar conciliar todas essas esferas na nossa vida, porque isso realmente é a definição de sucesso, é o equilíbrio entre todas as áreas, todas as esferas que compõem nossa existência.

Continuando a história, em minha caminhada profissional, já com essa metodologia de "Casais de alta performance" em um patamar muito elevado, inclusive cursando o doutorado na área de casais e terapia familiar, fiquei grávida do meu primeiro filho, Benício, que hoje, quando escrevo para este livro, está com um ano e dez meses, e aí novamente, como é a estrada e a caminhada de um empreendedor, tive que me reinventar. Fechei a minha clínica, que na época empregava mais de 12 profissionais, e comecei a aplicar essa metodologia no consultório virtual, em atendimentos online e na criação de curso online, para que eu pudesse alcançar o maior número de casais e famílias possível. Então, veja como é interessante a caminhada de um empreendedor, mesmo alcançando bons resultados e o tão desejado sucesso, precisamos nos reinventar diariamente.

O "Casais de alta performance" estava tendo cada vez mais sucesso e adesão, portanto, decidi ficar grávida do meu segundo filho, que é uma menina, Leonora. Escrevo este capítulo grávida de oito meses, sábado às 22:23 horas da noite, para inspirar e possibilitar a todas as mulheres empreendedoras que leiam e saibam que é possível, sim, tudo é possível! É viável e extremamente possível atingir o sucesso profissional e consequentemente financeiro, e conciliar com a maternidade, o relacionamento, a parte espiritual, cuidar da saúde e todas as outras coisas que compõem a nossa vida de maneira equilibrada.

Isso faz com que a gente precise trabalhar sábado até muito tarde, mas isso faz, também, com que possamos gerar frutos pelos quais vamos nos orgulhar e orgulhar a nossa família. Então, para fechar o meu capítulo, gostaria de deixar cincos pontos que fizeram extrema diferença na minha vida, o que realmente funcionou, para poder ajudar você a se tornar a empreendedora de sucesso que tanto sonhou. O que você, leitora, que está aqui comigo, pode começar a aplicar a partir de agora que fará a diferença em sua vida, é:

A) A primeira coisa a que eu quero me referir, que falei ao longo de toda esta escrita, é o estudo, o investimento no estudo que minha mãe fez lá quando eu era muito pequena e que eu faço até hoje, cursando doutorado, cursos junto com meu marido, sempre lendo. Atualmente tenho uma meta de 65 livros por ano e assim sucessivamente.

B) O segundo ponto que eu quero destacar é a fé, eu disse a vocês que sou filha do Rei e isso faz com que Ele me proporcione tudo, então sempre tenha fé, a fé em Deus, na vida, a fé em si próprio e em que a gente pode alcançar tudo aquilo que está em nosso coração.

C) O terceiro ponto é a persistência, a fé nos leva à persistência e a mantermos o foco, termos persistência naquela meta que a gente traçou, não desistirmos a cada tropeço, a cada medo e a cada dificuldade, respirarmos fundo, levantar a cabeça e fazer uma oração e continuar firmes na persistência e naquele alvo.

D) O quarto ponto que é muito interessante é traçar essas metas, atualmente conquistei muito do que planejei, do que pensei, do que sonhei e isso ocorreu puramente por ter escrito essas metas, por ter criado estratégias para cada uma delas e para atingir cada uma delas.

E) O quinto são nossas ações a partir dessas metas escritas, desses sonhos do nosso coração colocados no papel e começar a executar aquilo que está escrito ali, aquilo que eu desejo muito, ou seja, transformo em ações, em comportamentos.

E, por fim, não tem a ver com o que funcionou para mim, mas tem a ver com o que faz meu coração bater mais forte e o que faz com que eu possa estar uma hora dessas, em um sábado, escrevendo este capítulo para vocês. Minha missão, vivê-la e me apaixonar todos os dias pelo seu "chamado", a minha é trabalhar pelos casais e pelas famílias, o meu novo projeto como empreendedora chama-se "Família de alta performance" e está sendo desenhado e ficará muito lindo, acompanhem! Então, independentemente de onde você estiver agora, eu atualmente com dois filhos, uma sendo gerada e um bebê de um ano e dez meses, casada, fazendo doutorado, atendendo, ainda tenho energia e disposição para cuidar de outras esferas da minha vida e pensar e me dedicar a outro projeto que é a "Família de alta performance". Tenho certeza que

Letícia Guedes

você, ao descobrir sua missão de vida, também terá essa energia, garra e foco para conquistar cada um dos seus sonhos. Amém? Eu desejo a você todo o sucesso do mundo, e conte comigo para que você possa traçar essa caminhada de sucesso e empreendedorismo, esteja onde você estiver!

Um grande beijo.

12

Lorena Carla Oliveira e Silva e Alessandra Dorça

Idealizadoras do CEAFI

Lorena Carla Oliveira e Silva

Fisioterapeuta graduada pela Universidade Estadual de Goiás (UEG) em 1999. Pós-graduada em Fisioterapia Hospitalar e em Ventilação Mecânica pela PUC/CEAFI em 2001 e 2004. Curso de Formação Master Mind em 2010 e Curso de Formação e Certificação Internacional em Coaching pela Sociedade Latino Americana de Coaching (SLAC), em 2010. Curso Leader Coaching pela SLAC em 2011. Formação em Gestão para Resultado pela Fundação Dom Cabral em 2011; em Leader Coaching pelo ICA – Instituto de Coaching Aplicado, em 2012; em Assessment DISC® pela SLAC em 2012. Programa "Parceiros para Excelência – PAEX" pela Fundação Dom Cabral em 2012. Formação em PNL (Practitioner em Programação Neurolinguística) em 2016 pela UPC (Universidade de PNL e Coaching). Desenvolvimento de Equipes Positivas com Ênfase em Virtudes e Forças de Caráter (IGPP) em 2017. Formação em Eneagrama pelo Instituto Eneagrama Shalom em 2018.

Contatos:

E-mail: diretoria@ceafi.com.br

www.ceafi.edu.br, @lorenaceafi

Alessandra Dorça

Fisioterapeuta graduada pela UEG em 1999. Pós-graduada em Fisioterapia Hospitalar e em Ventilação Mecânica pela PUC/CEAFI em 2001 e 2004. Mestre em Ensino em Saúde pela Unifesp – SP/ 2008. Curso de Formação Master Mind em 2010 e Certificação Internacional em Coaching pela Sociedade Latino Americana de Coaching em 2010. Programa "Parceiros para Excelência – PAEX" pela Fundação Dom Cabral em 2012. Atualmente é diretora da ONG Associação Pró-Cura da ELA (Esclerose Lateral Amiotrófica), e sócia-proprietária da Clínica Reviva Reabilitação Especializada, voltada para o doente crônico.

Contatos: diretoria.comercial@ceafi.com.br

www.ceafi.edu.br, @aledorca

"Empreendedor é aquela pessoa que enxerga, promove e aproveita as novas oportunidades nos negócios, se arriscando para colocar em prática seus sonhos, planos e ideias."

Essas características foram fundamentais para a construção de um plano de vida de duas profissionais fisioterapeutas, recém-formadas e com muita vontade de fazer algo diferente.

A profissão de fisioterapeuta em Goiás em 1999 ainda era incipiente e com poucas oportunidades. Era preciso construir algo diferente para ter um posicionamento no mercado. Poucas especializações eram oferecidas e quem queria cursos de melhor qualidade tinha que sair de Goiânia para realizá-los.

Foi com essa vontade de buscar mais conhecimentos que as fisioterapeutas Alessandra Carneiro Dorça e Lorena Carla Oliveira e Silva iniciaram um projeto desafiador que até hoje faz parte da vida de milhares de profissionais da área da saúde.

A Faculdade CEAFI hoje é uma realidade que foi sonhada por essas duas profissionais há quase 20 anos.

A construção desse sonho se iniciou em 1999, quando elas foram a Curitiba, capital do Paraná, fazer um congresso com os melhores profissionais de Fisioterapia do Brasil à época, quando tiveram a oportunidade de conhecer um grupo de destaque nacional de quem receberam as primeiras orientações de como estruturar cursos de pós-graduação.

Com o projeto em mãos, começou um processo de peregrinação

para encontrar alguma instituição que tivesse interesse em lançar o curso para que elas pudessem se especializar.

Com as mesmas dificuldades de todo empreendedor, várias portas se fecharam. A persistência foi a principal característica desta dupla. Na busca por parcerias encontraram a oportunidade que buscavam na pessoa de José Maria Baldino, que na época era o coordenador de pós-graduação da então Universidade Católica de Goiás, hoje Pontifícia Universidade Católica de Goiás (PUC-Goiás), que percebeu que aquelas duas jovens fisioterapeutas pareciam ter algo diferente.

No final daquele mesmo ano elas criaram a empresa Centro de Estudos Avançados em Fisioterapia (CEAF), firmaram o primeiro contrato com a universidade e estruturaram o primeiro curso de Pós-Graduação em Fisioterapia Hospitalar do Centro-Oeste em março de 2000. Foi uma grata surpresa!!! Uma procura impressionante!! Um mercado sedento por formação de qualidade e em novas áreas. A turma foi iniciada com 42 profissionais de diferentes cidades da região, incluindo as duas, que foram alunas dedicadas e empenhadas em aprender e organizar tudo de maneira impecável. Foi um sucesso, a primeira turma com 42 alunos e lista de espera de 30 profissionais. Lançaram a segunda turma já no segundo semestre de 2000. Daí para frente não pararam mais!

Assim, os grandes desafios começaram a acontecer: manter a qualidade, criar novas turmas, manter-se no mercado e, principalmente, gerenciar. O profissional de saúde possui grandes dificuldades no desenvolvimento da competência gerencial, pois sua formação é deficiente nessa área. Mas, para se manter no mercado, esse conhecimento é imprescindível. Com o tempo foi preciso aprimorar competências e desenvolver outras, principalmente focando no maior objetivo das sócias para o CEAF: "Ser a melhor instituição de especialização na área de saúde".

Com o passar dos anos, foram lançadas diferentes especializações em Fisioterapia e, também, nas áreas de Fonoaudiologia e Educação Física. Para abrigar essas novidades perceberam a necessidade de alterar o nome da empresa para Centro de Estudos Avançados e Formação Integrada (CEAFI), além de investir em um local próprio, com uma estrutura aconchegante e acolhedora para receber os alunos aos finais de semana.

Paralelamente ao CEAFI Pós-Graduação as duas profissionais prestavam serviços em hospitais como pessoa física e perceberam a oportunidade de investir na formação de uma equipe qualificada e diferenciada que pudesse prestar um atendimento qualificado aos pacientes lá internados. Nesse período surgiu o CEAFI Serviços, que atua tecnicamente em Goiânia no Hospital Neurológico, no Hospital Anis Rassi e no Hospital da Criança.

Em 2018, após muito esforço e determinação, conseguiram a aprovação do MEC e hoje são uma Instituição de Ensino Superior – Faculdade CEAFI. E vão lançar o primeiro curso de graduação, Tecnólogo em Gestão Hospitalar, no início de 2020.

O que as inspira em momentos desafiadores é o slogan muito utilizado nas empresas e confirmado pelos inúmeros depoimentos de profissionais que, ou se formam no CEAFI Pós-Graduação, ou mesmo que fizeram parte da equipe de hospitais e, posteriormente, agradecem por terem alcançado um posicionamento de destaque no mercado de trabalho: **"Transformar vidas e realizar sonhos"**.

Dicas de como empreender e "jogar para ganhar"

por Alessandra Dorça

Nasci em Vila Velha, Espírito Santo. Casei-me com um militar do Exército e morei em várias cidades até me estabelecer em Goiânia.

Na época em que me formei, não entendia o que era ser empreendedora, na verdade, como vim de uma família muito pobre, esta palavra não fazia parte do meu vocabulário. Sempre tive o sonho e o grande desejo de ser melhor, não queria ser mais uma no mercado!!!! Mas o que significava isso para uma fisioterapeuta, recém-formada?

A Fisioterapia é uma profissão jovem e pouco reconhecida. Formei-me na segunda turma do curso da UEG. Em Goiânia havia poucos profissionais e o mercado de trabalho tinha todas as dificuldades da falta de conhecimento sobre a profissão. Crescer neste ambiente seria um grande desafio.

Entendia que para ser melhor era preciso estudar muito, buscar novas oportunidades, dedicação e tinha certeza que somente trabalhando muito conseguiria meu objetivo. Na época em que me formei, não tinha condição de fazer cursos em outros lugares, pois já era casada e bem estabelecida em Goiânia. Foi a necessidade de buscar uma formação diferenciada que eu e minha sócia iniciamos a nossa história de novas empreendedoras da educação em Goiânia.

Nossa história revela características indispensáveis para quem quer vencer: vontade, determinação, foco e não ter medo de errar.

Hoje, além de mãe, fisioterapeuta, empresária, sou também professora. Construí uma história na formação profissional de sucesso, a minha missão atualmente é passar toda a minha experiência para formar profissionais melhores, por isso, além de ensinar Fisioterapia, também me dedico a ensinar estratégias que possam auxiliar o profissional da área da saúde a ser cada dia melhor! É preciso fazer os profissionais acreditarem que vencer só depende deles, da garra, da determinação e da capacidade individual de lidar com as frustrações e os erros, porque estas são características fundamentais de um verdadeiro empreendedor de sucesso.

"Quem desiste jamais vence, quem vence jamais desiste."

Alessandra Dorça

Dicas de como empreender e "jogar para ganhar"

por Lorena Carla

Nasci em Goiânia e toda minha formação escolar foi aqui. Ingressei na faculdade aos 18 anos e fui sempre uma aluna dedicada e envolvida com o conhecimento.

Ao finalizar a graduação em Fisioterapia consegui o primeiro emprego na UTI do Hospital de Urgências de Goiânia. Fiquei desesperada, pois na faculdade a formação em Fisioterapia Hospitalar é falha, ficamos um período muito curto no ambiente de terapia intensiva.

Atuar com responsabilidade e fazer o melhor pelos pacientes era o meu foco e a cada dia procurava estudar mais e mais para correr atrás desse prejuízo da minha formação e poder entregar algo de valor a eles.

O CEAF nasceu dessa busca, desse desejo de ser uma profissional diferenciada, de perceber que ao final do meu atendimento o paciente apresentava uma significativa melhora. A especialização em Fisioterapia Hospitalar ofereceu esse conhecimento, ao final de cada módulo conseguia aprender mais e atender melhor já na manhã seguinte. Com isso comecei a ser respeitada e reconhecida como referência. Como foi gratificante essa jornada!

Essa experiência contribuiu e muito na estruturação da grade de nossos cursos de pós-graduação. Todos eles com enfoque teórico-prático. Percebemos, mais tarde, a importância de não ensinar apenas a parte técnica e acrescentamos disciplinas de gestão e desenvolvimento de carreira para auxiliar o profissional a se posicionar no mercado.

É imprescindível estudar e se atualizar sempre, mas buscar se conhecer e identificar suas vantagens competitivas, seus pontos fortes deve também ser o foco de todo profissional que deseja se destacar. Obstáculos virão, mas se deve lembrar:

"Para fazer acontecer, o primeiro passo é importante. E depois? Simples: o segundo, o terceiro... desenvolver a determinada determinação." *(Santa Tereza de Ávila)*

Luciana Padovez
Cualheta

13

Empreender com propósito

Luciana Padovez Cualheta

Cofundadora e diretora da Sempreende, escola de empreendedorismo. PhD *researcher* pela Universidade de Brasília (UnB) em Ensino de Empreendedorismo. Mestre em Empreendedorismo e Inovação pela Universidade Federal de Goiás (UFG). Pós-graduada em Marketing pela Fundação Getúlio Vargas (FGV). Facilitadora certificada da metodologia Lego® Serious Play®. Experiência de mercado como empreendedora no ramo de alimentação e consultora na Shell Brasil. Revisora da *Revista de Empreendedorismo e Gestão de Pequenas Empresas*.

Sempre tive vontade de ser dona do meu negócio. Quando adolescente eu me visualizava com roupas de executiva, comandando uma grande equipe e tomando decisões importantes. Apesar disso, demorei a escolher qual curso faria na graduação. Tive dúvidas entre Administração, Psicologia, Direito, Pedagogia e acabei escolhendo o primeiro, porque fiz um sorteio no dia da minha inscrição para o vestibular. Eu queria empreender, mas não sabia qual negócio iniciar, o que me motivaria.

Decidi então abrir um restaurante de comida japonesa. Essa decisão aconteceu numa terça-feira, no ano de 2011, quando fui comer com uma amiga e não encontramos lugar para nos sentarmos em três restaurantes japoneses diferentes. Tive a certeza de que ficaria rica se eu abrisse o meu próprio restaurante.

Eu não entendia nada sobre administrar um estabelecimento de alimentação, não sabia cozinhar e não entendia nada da culinária japonesa. O que eu tinha era coragem e uma vontade enorme de ser independente e dona do meu negócio. Não vou dizer que essa é uma qualidade imprescindível para empreendedores, porque naquela época eu tinha uma coragem irresponsável. Eu era tão confiante que não conseguia imaginar a possibilidade de o negócio dar errado. Embora a coragem me ajude até hoje, acreditar demais em mim me fez não pesquisar o mercado e não entender se o negócio atenderia às necessidades do público-alvo. Essa foi a causa inicial do meu fracasso.

No dia 2 de fevereiro de 2012, um dia depois do meu aniversário de 23 anos, assinei um contrato que mudaria minha vida. Era o contrato de uma franquia de comida japonesa. Dada a minha inexperiência no ramo, eu, meus pais e minha amiga que se tornou minha sócia concordamos que seria uma opção mais segura. Não foi.

Nosso primeiro erro foi agir como se já tivéssemos certeza de como o público se comportaria. A franquia trazia um novo modelo de negócios, com uma proposta de *fast food* japonês, ao contrário do *glamour* e *status* dos restaurantes tradicionais. Em Goiânia, as pessoas não estavam acostumadas a consumir dessa forma e nós tivemos que gastar muito dinheiro para explicar e convencer os clientes a conhecer a empresa.

A sucessão de equívocos não parou por aí, pois o ponto comercial também não era bom. Apesar de ser em uma grande avenida, com alto fluxo de veículos, a visibilidade era comprometida e não tínhamos estacionamento. Inicialmente não achei que isso seria um problema, pois estava convencida de que as pessoas que estudavam e trabalhavam ali por perto iriam a pé. Mas elas não foram.

A combinação de uma reforma, que demorou sete meses e consumiu boa parte do meu capital, com a falta de conhecimento do público, os custos bem mais altos do que o planejado, a mão de obra altamente especializada e nossa inexperiência fez com que eu e minha sócia amargássemos cerca de um ano de prejuízos.

A dificuldade e a vontade de fazer dar certo me fizeram usar todo o meu potencial criativo. Elaboramos promoções, novos pratos, novas formas de atrair clientes. Aprendi a recrutar, selecionar e treinar melhor a minha equipe. Criei várias campanhas de marketing interno, formas de motivar e premiar meus colaboradores. Passei a estudar ainda mais e me dediquei de corpo e alma ao negócio.

Hoje eu vejo que os erros cometidos foram as minhas maiores fontes de aprendizado. Eu não seria quem eu sou sem ter passado dessa forma pelas dificuldades. Aprendi que nem tudo acontece como quero, no tempo que quero. Aprendi a controlar melhor minhas emoções, a escolher muito bem as pessoas que trabalham comigo, a gerenciar uma empresa de fato, a negociar com fornecedores, a me relacionar melhor com pessoas. Aprendi, principalmente, a lidar com frustrações e a voltar a acreditar em mim depois que as coisas dão errado.

Apesar de ter aprendido tanto, eu não gosto da visão romantizada que algumas pessoas têm sobre os erros. Discursos como "se errar, levante-se e tente de novo" são muito fáceis na teoria. Durante um período eu me senti tão derrotada, tão incapaz e fracassada que tentar de novo a cada dia era um imenso sacrifício. Toda vez que precisava pagar um boleto e não tinha dinheiro suficiente, toda vez que precisava antecipar os recebimentos do cartão de crédito ou que tinha algum problema sério com funcionários eu sentia que não ia conseguir.

Quando os erros e as dificuldades acontecem, eles são difíceis sim. É necessário um período de reflexão, de recolhimento, de autoconhecimento e de luta interna para conseguir aprender e dar a volta por cima. Acredito que essa é a forma saudável de lidar com os erros. Estar frente a frente com eles, sentir as emoções que eles nos causam, aprender e só então seguir em frente.

Foi o que aconteceu. Eu e minha sócia tomamos uma decisão que pareceu completamente contraditória: abrir uma segunda unidade. Dessa vez, fizemos a pesquisa e entendemos nosso público. Abrimos o restaurante em um shopping popular, em um bairro onde não existia nenhum outro restaurante japonês. Conseguimos uma ótima negociação pelo ponto e logo começamos a vender muito bem. O lucro desse restaurante cobria o prejuízo do outro. Depois de um tempo, decidimos vender a primeira unidade e nos concentrar na que estava funcionando.

Foi aí que algo ainda mais surpreendente aconteceu. Depois que as coisas se estabilizaram, quando o faturamento aumentou e nossa equipe estava muito boa e bem treinada, eu me vi entediada e frustrada. Tive certeza de que aquele não era o negócio para mim. Eu não usava todo o meu potencial, nem conseguia deixar minha marca no mundo. Achava minha rotina pouco desafiadora, pois agora não precisava mais criar tantas coisas para fazer o negócio dar certo.

Foi então que um encontro inesperado mudou o rumo das coisas, quando me deparei com uma ex-professora da graduação na praça de alimentação do shopping. Contei a ela como estava me sentindo e ela me disse que o processo seletivo para o mestrado na UFG (Universidade Federal de Goiás) estava com inscrições abertas. Ela se lembrou de que eu sempre comentava que queria ser professora e me incentivou a me inscrever. Passei no processo seletivo e descobri o que queria fazer: pesquisar e ensinar. Serei sempre grata a essa professora por esse incentivo.

O mestrado mudou minha vida. Redescobri minha paixão por estudar. Encantei-me com as disciplinas de empreendedorismo e inovação e tive minhas primeiras experiências como professora universitária. Fui convidada, junto com meu atual sócio na Sempreende, a criar um curso de empreendedorismo que seria oferecido para toda a universidade.

Criamos um curso diferente dos que já existiam, com conteúdos como validação da ideia de negócios, criatividade e *pitch* (apresentação curta da ideia de negócios para investidores). Os resultados foram incríveis e eu realmente amava o que estava fazendo. Lembro-me de dizer que era maravilhoso receber para fazer um trabalho que eu certamente faria de graça.

A partir desse curso, fui convidada a ministrar vários outros em diversas instituições. Conforme a demanda aumentava, decidimos fundar a Sempreende. Nossa intenção era oferecer para as pessoas uma alternativa aos cursos tradicionais que já existiam. Iríamos oferecer cursos rápidos, práticos, com metodologias ativas e preços acessíveis.

Para isso, fizemos o que ensinamos. Realizamos vários testes de mercado antes de começar. Primeiro, lançamos nosso Instagram em junho de 2017, onde compartilhamos conteúdos diários sobre empreendedorismo. Com isso, conseguimos identificar quais são os conteúdos que mais despertam o interesse do público. Então, lançamos o primeiro curso. Usamos uma sala emprestada e não tivemos praticamente nenhum custo. Fizemos várias entrevistas e grupos focais com possíveis clientes para entender seus comportamentos, necessidades e desejos. Só então fundamos a nossa sede (em setembro de 2017). Hoje temos 17 cursos no portfólio e já tivemos mais de 1.300 alunos.

A principal razão do sucesso da Sempreende, além das pesquisas que foram feitas para começar o negócio do jeito certo, é o fato de ser um negócio com propósito. É muito diferente iniciar um negócio que está totalmente alinhado com os valores pessoais e com a marca que você quer deixar no mundo.

Na Sempreende, nosso propósito é ajudar pessoas. Ajudar pessoas que desejam abrir seu negócio, melhorá-lo, desenvolver suas competências empreendedoras, inovar, empreender. Esse propósito claro permeia todas as nossas ações, desde a forma de atender o cliente, os cursos que oferecemos, os lanches que acontecem na sala de aula, a forma de divulgar, os conteúdos que publicamos no Instagram e no YouTube. O propósito é nosso grande diferencial.

Hoje ainda enfrento dificuldades com o negócio e tenho clareza de que elas fazem parte da vida do empreendedor sempre. Mas, o fato de ver significado no meu trabalho e de já ter aprendido a lidar com erros anteriormente me ajuda a enxergar as dificuldades de outra forma. Ao invés de desistir, pensamos em outras formas de fazer dar certo. Ao invés de nos frustrar porque um produto não vendeu, fazemos pesquisas para entender o que aconteceu.

Por isso, eu sempre ajudo meus alunos a passarem por um processo de autoconhecimento, para entender que tipo de negócio faz sentido para eles. Ele costuma ser uma combinação do que sabemos fazer, do que gostamos de fazer, da rotina que queremos ter e de analisar pelo que o mercado está disposto a pagar.

O caminho está longe de ser uma linha reta. Lembra que eu falei no início do capítulo que fiquei na dúvida de qual curso escolher na graduação? Hoje, faço uma combinação de tudo que gosto. Gosto de ter e administrar um negócio, de ser professora, de estudar aprendizagem no doutorado e acabo sendo um pouco psicóloga dos meus alunos.

Eu só não tinha essa visão antes, quando era mais jovem, pois era realmente impossível que eu soubesse naquela época o que eu queria fazer. Eu não tinha ainda uma soma de experiências suficiente para saber o que funcionava ou não para mim. Por isso, o processo empreendedor exige paciência e calma. Nenhum negócio dá certo da noite para o dia. Dificilmente alguém sabe no início da vida qual carreira quer seguir ou qual negócio quer começar.

Para o sucesso acontecer, alguns fatores foram fundamentais. O primeiro deles foi o apoio incondicional da minha família. É muito mais fácil seguir um sonho se as pessoas próximas acreditam nesse sonho junto com você. Eles me apoiaram, tanto financeira quanto psicologicamente, e serei sempre grata por isso.

Além disso, acredito que ter um sócio pode contribuir muito com o negócio. Tanto a Yasmin, que foi minha sócia no restaurante, quanto o Altair, que é meu sócio atual, são pessoas com habilidades complementares às minhas, mas com valores e objetivos semelhantes. Ter um sócio ajuda a dividir responsabilidades, facilita a tomada de decisão e compartilhar os momentos bons e os difíceis. Para mim, funcionou muito bem, mas só porque sempre tivemos uma comunicação clara, sincera e expectativas comuns para o negócio.

Ainda, ter uma equipe de qualidade faz toda a diferença. Para isso, é preciso encontrar pessoas com o propósito parecido com o seu. Hoje, meus funcionários realmente acreditam no que fazemos e querem ajudar pessoas tanto quanto nós. Dois deles já se tornaram professores e os demais estão treinando para isso. Como eles têm valores parecidos com os meus e do meu sócio e trabalham na Sempreende porque se sentem bem, conseguimos ter um estilo de gestão mais compartilhada e estimular a criatividade e suas ideias. Todos são valorizados e várias das melhores práticas que adotamos na empresa vieram de sugestões deles.

O relacionamento com o cliente também sempre foi um ponto importante para mim. No restaurante eu fazia questão de passar em todas as mesas para conversar com os clientes e pensar em várias formas de atendê-los melhor. Na Sempreende, nos tornamos realmente amigos e mentores dos nossos alunos, para que eles possam ter a melhor experiência possível ao empreender.

Mais do que todos os esses fatores, acredito que a diferença entre o primeiro e o segundo negócio foi a motivação. Com o restaurante, meu desejo era ficar rica. Eu fazia as coisas bem feitas, cuidava da minha equipe, até gostava do que fazia, mas como meu objetivo era ganhar dinheiro era difícil ver além dos problemas financeiros. Na Sempreende, o objetivo é ajudar pessoas, é fazer o que amo, é deixar minha marca no mundo. Claro que o dinheiro é importante e que não trabalho de graça, mas a forma de lidar com as situações é bastante diferente. Minha resiliência e persistência aumentaram, pois eu trabalho por uma causa que é maior do que eu.

Empreender não é e nunca será fácil, mas, quando você encontra um negócio com propósito, o caminho fica mais prazeroso. Trabalhar com propósito é fazer algo que está relacionado com seus valores, com sua personalidade, com suas metas de vida. É o trabalho que o deixa verdadeiramente realizado. Talvez você ainda não saiba qual é o seu, mas não desista de tentar encontrá-lo. A vida é muito mais feliz quando você faz o que ama!

14

Lucilene de
Pádua Dutra

Mulher, tenha coragem, permita-se

Lucilene de Pádua Dutra

Pedagoga com especialização em Supervisão e Administração Escolar, exerceu a profissão na Secretaria da Educação de Minas Gerais até 1982. É vice-presidente do Grupo Tabocão, fundado em 1983, hoje com mais de mil colaboradores; atua nos ramos de alimentação, na distribuição, transporte e revenda de combustíveis, com unidades presentes nos estados de GO, TO, MA e SP. Foi premiada várias vezes, como maior revendedora de óleo diesel pela Cia Brasileira de Petróleo Ipiranga. Foi também homenageada e convidada pela Petrobras a apresentar o *case* de sucesso do Grupo Tabocão. Atuou como fundadora do projeto ambiental "Pró-Águas do Cerrado", que tem o intuito de recuperação e despoluição do Rio Meia-Ponte. Liderou o PPR (Programa de Parceria Responsável) na Petrobras, como também o PDD-PAEX da Fundação Dom Cabral, onde concluiu o curso em 2017. Atualmente, permanece como sócia-proprietária e vice-presidente do Conselho de Administração do Grupo Tabocão e da Grão Bento – Padaria-Café.

"Para se começar algo... basta darmos o primeiro passo."

Simples, não? Não, nem sempre!
Desafiador? Constantemente sim.

Tão desafiador como entrar no túnel do tempo e percorrer a minha história de trás para frente.

Afinal, o que mudou se já passei por esse tempo?

Com certeza o olhar! Primeiramente, quando vivemos intensamente o hoje, o agora e o ontem são vistos por outros prismas.

Misteriosamente os tempos se fundem.

É quando voltamos ao começo e passamos a enxergar nossa história não mais de dentro.

Agora, já olhamos de cima e de fora com a experiência de vida que também nos traz outras verdades.

Grandes e pesadas bagagens foram carregadas e outras deixadas pelo caminho.

Mesmo que, por muitas vezes, às avessas do nosso desejo e de nossa compreensão.

Buscar o melhor caminho em cada encruzilhada foi parte essencial da minha jornada.

Pegar, largar, soltar também é andar para frente.

É aí, então, que começa a minha história e compartilho com você agora.

Muito prazer!

Eu sou Lucilene de Pádua Dutra.

Nasci em 1960, faço parte da geração *baby boomers*, década de profusão de ideias, de contestação ao "modo conservador de viver".

Surgia a pílula anticoncepcional, Mary Quant lançava, na Inglaterra, a minissaia, teve início o ativismo feminino, época de liberdade de expressão e ao mesmo tempo cheio de repressão.

No mundo, a Guerra Fria, a construção do Muro de Berlim, o homem chegando à Lua, a TV ficando colorida, o auge da Jovem Guarda, da calça "boca de sino" e dos sapatos de plataforma.

Foi em meio a tantas transformações e mudanças de hábitos que passei minha infância e adolescência em São Sebastião do Paraíso, Minas Gerais. Tenho uma única irmã, a Cristina, e nós fomos educadas dentro de valores de retidão moral e cristã, tendo a família como base de sustentação.

Lembro-me das brincadeiras de bola com amigos e vizinhos, dos encontros marcados no alpendre para irmos todos à "matinê". Aos domingos, assistia à missa na Igreja Matriz com direito a um sorvete após a celebração.

Ainda preservo alguns e bons amigos desta infância e hoje nos orgulhamos de quem nos tornamos.

Aprendi a tocar piano, tive aulas de declamação. Naquela época, as moças aprendiam os cuidados domésticos e faziam curso de "corte e costura", sem contar as aulas de datilografia.

Carrego até hoje o gosto pelo "bem vestir", porque, enquanto minha mãe costurava meus vestidos para ocasiões especiais, eu ficava paginando os últimos modelos da moda que chegavam pelo correio em forma de figurinos impressos.

Estudei em colégio de Irmãs Doroteia. Fiz curso para normalista e, aos 17 anos, ingressei na PUC (Pontifícia Universidade Católica de Campinas - SP). Deixei minha família em Minas Gerais e cursei apenas o 1° semestre da faculdade. Não era o que pretendia. Voltei então para minha terra natal.

Concluí o curso de Pedagogia, com especialização em supervisão e administração escolar. Comecei a trabalhar aos 18 anos na Superintendência da Educação em Minas Gerais. Era funcionária pública concursada.

Casei-me em 1982 com Edison Dutra e fui morar em Goiânia, no estado de Goiás, em busca de novos desafios e melhoria de vida.

Em 1983, fundei em parceria com ele o nosso primeiro posto de combustível. Um desafio imenso para a época, principalmente para uma mulher ocupando uma posição de comando em um cenário restrito a homens. Todos os dias tinha que me desdobrar e provar capacidade de gestão para ser respeitada.

Não tínhamos recursos financeiros suficientes para construir o posto, mas o SONHO era grande.

Partimos em busca de terrenos propícios que contemplassem a necessidade da região para erguer um posto de combustível. Encontramos três locais ao longo da rodovia Belém–Brasília, uma das principais vias de acesso do País.

Firmamos um "compromisso futuro" de compra e venda com os proprietários das áreas caso houvesse sucesso na aprovação da licença pela Associação Nacional do Petróleo. Não era uma coisa fácil de conseguir, não tínhamos a internet ao nosso dispor, tudo era longe e não havia muitos dados precisos para montar um processo com informações de viabilidade do negócio.

Mas, para nossa alegria, os três locais escolhidos foram aprovados. Negociamos duas das autorizações e adquirimos o terreno para construção do nosso posto.

A empresa foi criada às margens da rodovia BR-153, que ligava Belém (PA) a Brasília (DF), em pleno Cerrado goiano, ponto estrategicamente pensado por ser o meio do caminho entre as duas capitais.

Lucilene de Pádua Dutra

Na época, um local sem energia elétrica e com água a dois quilômetros de distância. Tínhamos apenas coragem e vontade de vencer, porque pioneiros têm árduas histórias para contar.

O poço artesiano foi furado e a energia elétrica trazida da cidade mais próxima que ficava a 30 km, Guaraí. Daí em diante, foram nove meses de trabalho até inaugurarmos nosso primeiro empreendimento, o Posto Tabocão, que hoje orgulhosamente ocupa posição de destaque nacional entre os maiores revendedores de óleo diesel do País. Tivemos todo apoio e orientação de meus pais, Benedito Gonçalves de Pádua (*em memória*) e Vera Lucia P. Pádua, a quem atribuo toda minha determinação, e presto aqui minha homenagem a eles. Gratidão eterna por terem me ensinado valores fundamentais, compromisso e honradez.

Curiosamente, este posto revendedor tinha outro nome em seu contrato social. Acontece que nas imediações da construção há um rio de nome Tabocão e durante a execução da obra os trabalhadores começaram a chamá-lo de POSTO TABOCÃO.

Fui logo procurar o que significava o nome e adorei o que encontrei: Tabocão é uma espécie de bambu, uma planta secular que carrega algumas lições, segundo o padre Leo Francisco Gonçalves Pereira em seu livro *Buscando as coisas do alto*:

1ª lição – A humildade – o bambu não enfrenta a tempestade da natureza, ele se curva e deixa passar o vendaval.

2ª lição – Cria raízes profundas: o tamanho que ele tem para cima, tem para baixo.

3ª lição – Só fica sozinho enquanto "broto": antes de crescer permite que nasçam outros a seu lado, simbolizando que juntos são mais fortes.

4ª lição – Ele não cria galhos, não perde o foco.

5ª lição – Ele é cheio de nós que simbolizam as dificuldades a serem ultrapassadas para o crescimento.

6ª lição – Ele é oco, vazio de si mesmo.

7ª lição – Ele só cresce para o alto. Essa é sua meta.

Adorei o que encontrei, registrei a patente do nome Tabocão, que foi dado a todo o grupo. Seguindo o ensinamento do bambu, eu nunca me esqueço que quando o desânimo surgir devo buscar em Deus as "coisas do alto" que me darão asas para sobrevoar os terrenos difíceis da minha caminhada.

Já em 1997 a Agência Nacional do Petróleo concedeu ao Tabocão autorização de operação na área de distribuição de combustível em nível nacional.

Para atender à demanda do grupo econômico, colocamos também em funcionamento a Transportadora Tabocão, que cuidadosamente entrega nosso produto com 100% de qualidade aos postos da rede.

Postos estes instalados estrategicamente em rodovias de alto fluxo dos estados de Goiás, Tocantins, no interior de São Paulo e Maranhão. O Brasil é um país rodoviário, em que temos parte da balança comercial sobre "quatro rodas".

Afirmo sempre que contribuímos com o transporte de todas as riquezas aqui produzidas, fornecendo energia e bem-estar aos nossos clientes. Hoje, o Grupo Tabocão emprega mais de mil pessoas. E neste vaivém de mercadorias transportadas, veículos de toda espécie e vidas humanas desfilando todos os dias em nossas dependências, abandono as crenças limitantes e desmistifico que a mulher é o sexo frágil.

Como diz Rubem Alves: "É preciso deixar de ser um jeito para ser de outro", milho de pipoca que não passa pelo fogo continua milho de pipoca para sempre.

Empreender não é fácil, mas é possível.

Nós, mulheres, ganhamos de Deus inúmeros papéis a serem desempenhados ao longo de nossa vida.

Nascemos com a natureza de cuidar. Cuidar da família, do trabalho, dos relacionamentos interpessoais, do mundo onde vivemos e, principalmente, de nós mesmas.

Lucilene de Pádua Dutra

Vejo nestas várias faces da vida feminina a oportunidade multiplicada de sermos felizes e realizadas. Ser plural me faz ser única.

Particularmente, quando sou desafiada, sinto melhor o gosto da vitória.

Não devemos parar a busca pela excelência em tudo que nos propusermos fazer. Nossa consciência de mulher deve dar um salto todos os dias. O protagonismo feminino está ao alcance de todas nós.

Toda decisão ousada requer responsabilidade e capacidade para assumir riscos. Minha dica é: – Tenha Coragem.

Do meu casamento que durou 33 anos, Deus me concedeu desenvolver a minha melhor parte: a de gerar vida, produzir vida, carregar vida. Sou mãe do Thiago (34), meu economista, e do Lucas (30), meu administrador de empresa. Ganhei também uma filha em 2017, quando Thiago casou-se com Luciana, minha engenheira.

Os três são meus parceiros de todas as horas. Seja quando brindamos a vida, as conquistas ou quando me ajudam a encerrar um ciclo. Sou grato a eles todos os dias pela parceria e pelo amor que nos une.

Mas a história não termina aqui, pois a vida, para ser boa, tem que ter movimento e, pensando assim, aceitei há sete meses mais um desafio: empreendi com meu filho Lucas e abrimos em Goiânia uma padaria conceito, a Grão Bento. Acredito que entre uma negociação, um pão com café e muito amor vou abastecendo minha vida com vitórias e aprendizado constante.

Então, mulheres, permitam-se, sigam suas ideias e sua intuição.

Tudo é uma questão de ter CORAGEM.

15

Ludimila Estulano
Pimenta

Empreendedorismo feminino

Ludimila Estulano Pimenta

CEO e fundadora da Amy Academy, advogada, designer de Moda, especialista em Psicologia Positiva e Desenvolvimento Humano, Consultora em Marketing Digital, *coach* Sistêmica (Método® VIDA). Formação em Marketing Digital (IPOG); Storytelling (Me. Daniel Vieira); Eneagrama (Instituto Treinare), Gamification (IPOG), Mentoring Education (Instituto Gláucia Yoshida). Professora de pós-graduação da FAJA em Gestão de Redes Sociais, coordenadora do Comitê de Educação do Grupo Mulheres do Brasil-GO. Atuação como *coach*, palestrante e consultora em empreendedorismo feminino, marketing digital e desenvolvimento humano (abordagens sistêmicas e Psicologia Positiva).

O empreendedorismo entrou na minha vida há pouco tempo, portanto, esta é uma história de quem ainda está construindo o seu próprio caminho empreendedor, experimentando as delícias e as dificuldades deste ofício, mas principalmente descobrindo o quanto toda essa trajetória é inspiradora e gratificante.

Certas coisas são difíceis de explicar, talvez por não fazerem parte do mundo das palavras, descritivo e racional, pois só residem no mundo do sentir. Passei a maior parte da minha vida no piloto automático, sem entender os motivos pelos quais eu desempenhava funções que não faziam sentido para mim, sem me conectar verdadeiramente com minhas atividades, o que me trouxe uma sensação de vazio juntamente com uma inquietude, me distanciando cada vez mais de respostas essenciais para uma existência com maior significado. Fui em busca de algo que realmente fizesse sentido para mim, que me preenchesse o tempo, mas, acima de tudo, que me preenchesse a alma.

Passei por um processo de transformação que proporcionou a reconexão com os meus sonhos e objetivos. Foi aí que recuperei meu próprio espaço, ressignificando minha carreira, alinhando às minhas metas e valores pessoais. Hoje o que faço expressa verdadeiramente a minha missão de vida, me proporcionando a incrível experiência de viver o meu propósito, que é inspirar pessoas a serem as melhores versões de si mesmas. É isso que faz sentido para mim, e que faz transbordar o meu coração. Proporcionar o desenvolvimento de pessoas é a missão que exerço com muita paixão, porque hoje eu sei que o faço por amor ao florescimento de uma existência melhor, a minha inclusive. Para chegar nesse momento que vivo atualmente, percorri um caminho que me trouxe muitos questionamentos, e um deles foi essencial nesse processo: o porquê. Quando eu respondi para mim mesma o meu "porquê", ficou muito mais claro construir o meu "como". E é isso que quero compartilhar nestas páginas.

A Amy veio em um momento muito especial, um momento de crise. Foi uma resposta a uma imposição que a vida coloca pra gente quando é necessária uma transformação. E ela veio pra mim. Essa transformação deve acontecer quando alguma coisa já não faz mais sentido, quando pressentimos que existe algo a ser conhecido, um lugar que deve ser visitado dentro de nós. E quando me permiti experimentar esse papel de telespectadora da vida, olhando o que se passava à minha volta, comecei a perceber algo novo, e inexplorado. E aí me dei conta de que de fato eu estava buscando alguma coisa a mais. Mesmo não sabendo exatamente o que era, tive a absoluta certeza de que precisava conhecer. E foi um caminho sem volta, eu precisava percorrê-lo, precisava me aventurar.

O empreendedorismo foi para mim a resposta que eu procurava há muito tempo e que sequer imaginava. Ele veio recheado de novos conhecimentos, principalmente em relação a mim mesma. Empreender, portanto, foi e ainda é um exercício poderoso de autoconhecimento, que me proporciona muitas outras descobertas ao longo dessa jornada.

Falar sobre esse tema significa contar a história de como surgiu a minha empresa, a Amy Academy, o meu laboratório real onde diariamente aprimoro minhas habilidades como empreendedora e como pessoa. Escolhi a incerteza de seguir por terrenos desconhecidos, de recomeçar tudo em uma fase da vida em que a maioria tende a colher mais do que plantar. Escolhi aprender muito mais do que ensinar. Mas, de todas as escolhas que fiz na minha vida, essa sem sombra de dúvidas foi a melhor. Sou grata por estar onde estou, e muito feliz por ter tido a coragem de me reinventar. Empreender me ensinou a ter coragem de assumir riscos e de fazer a diferença no mundo. Ensinou-me a ser a protagonista da minha própria história, e a tomar a vida com toda a força que ela possui.

A Amy nasceu de um sonho possível, o de curar uma dor minha e de outras tantas mulheres que assim como eu se sentem de alguma forma inadequadas. Foi um projeto construído com amor, responsabilidade e o mais absoluto cuidado. Projetada a partir de uma metodologia inovadora, com a finalidade de tornar as mulheres mais capazes de conquistar seus objetivos pessoais e de carreira, através do autoconhecimento e do desenvolvimento pessoal. É um trabalho moldado no amor, no respeito e no compromisso com o outro, criado por várias mãos que, assim como eu, acreditam no seu propósito, e sonhado por muitos corações que vivenciam a sua capacidade de transformação positiva. A Amy atua para proporcionar uma mudança individual mais consistente, quando se tornam necessárias uma ruptura e uma reestruturação. E, para que essa mudança aconteça, é necessário estar preparado. E é assim que a Amy entra em ação, como um agente dessa transformação, proporcionando a construção do caminho do desenvolvimento pessoal de cada indivíduo que passa por nós.

Com pouco mais de dois anos de existência já acumulamos diversas ações, contabilizando nesse pequeno espaço de tempo mais de 1.500 pessoas impactadas diretamente por meio de eventos voltados para o desenvolvimento do potencial humano: cursos, palestras, *workshops* e treinamentos ministrados durante todo esse período, e mais de 20.000 pessoas alcançadas através dos nossos canais de contato. Mas indiretamente esse número se multiplica e cresce muito mais, quando pensamos no impacto positivo provocado no ecossistema individual de cada participante. Construímos assim uma rede de relacionamento e crescimento contínuo, de pessoas interessadas em potencializar seu desenvolvimento pessoal e de impactar a vida de todos ao seu redor.

Ludimila Estulano Pimenta

Durante toda essa trajetória, aprendi que empreender não é um esporte para todos, pois requer visão, disciplina, muita determinação e uma boa dose de talento. Sim, talento. No entanto, também aprendi que, se você se compromete consigo mesma, consegue desenvolver habilidades que antes sequer imaginava ter. Consegue resgatar talentos ocultos, e aprimorar outros tantos já existentes. Também descobri que existe um ingrediente especial que pode sim mudar o perfil de muitos empreendimentos por aí: o propósito!

Quando existe um propósito, uma motivação maior ou um sonho por trás da ação empreendedora, os resultados que conquistamos são realmente diferentes. Conseguimos aumentar o engajamento de clientes, dos colaboradores e dos nossos parceiros, tornando os resultados mais relevantes, provocando mudanças significativas, e, consequentemente, modificando a visão que os outros têm do nosso negócio. Geralmente negligenciamos dois aspectos importantes: o propósito da ideia empreendedora em si, e as competências individuais do empreendedor. Dois ingredientes que devem ser bem trabalhados para aumentar consideravelmente o sucesso de qualquer negócio. Ignorar esses aspectos, seja por vontade própria, ou por falta de clareza, é uma atitude que implica grandes perdas de oportunidades que podem moldar negativamente a realidade da sua empresa. Empreender com um propósito me possibilitou criar e executar de forma mais estimulante, proporcionando melhores resultados para minha vida pessoal e profissional, e também de todos que se conectam ao meu trabalho. Empreender, portanto, diz muito mais respeito sobre quem eu sou hoje do que as pessoas possam imaginar. Diz respeito ao legado que irei deixar para as futuras gerações, e a diferença que eu quero fazer no mundo.

Durante um bom tempo me perguntei por onde eu deveria começar a empreender. Percebi que quando me conectei ao meu negócio de maneira profunda consegui influenciar de uma maneira muito mais positiva a sua construção, transferindo a melhor parte que existe dos meus sonhos e da minha visão de mundo. Isso conferiu a ele um elemento que o torna único, diferenciando-o dos demais: a autenticidade. A Amy e a Ludimila se fundem em muitos aspectos, somos partes importantes uma da outra, e estamos em constante evolução.

Entender quais os motivadores que me guiam permitiu que eu descobrisse as minhas forças e virtudes, enquanto construtora de uma realidade melhor para os meus clientes, transmitindo assim essas características pessoais para a minha criação. Tenho uma preocupação real com o impacto que o meu negócio causa em mim, nas pessoas a minha volta, nas organizações e na sociedade de uma forma geral. Eu empreendo para fazer a diferença nas vidas das pessoas, o retorno financeiro é uma consequência natural que mensura o resultado do meu trabalho. E estar realmente conectada ao que eu faço impacta nos resultados que eu busco alcançar. Empreender, ao meu ver, é uma construção que começa por mim, a protagonista, conciliando meu plano de negócios com meus sonhos. E a minha busca pelo conhecimento é contínua, só assim posso estar preparada para dar o meu melhor em cada novo projeto da Amy.

Aprendi que o empreendedorismo não vive apenas de ideias brilhantes, pelo contrário. É muito comum encontrarmos jovens empreendedores, entusiastas natos, com muitas ideias revolucionárias, capazes de mudar o mundo. Projetos que possuem um grande potencial, mas que falham ao não conseguir viabilizar seu plano como sendo um negócio capaz de dar retorno financeiro. E por outro lado, não raro, também podemos ver pessoas com planos de negócios espetaculares, de grande viabilidade financeira, mas totalmente desprovidos de um sonho que seja capaz de mobilizar as pessoas que estarão envolvidas e transformá-lo em algo sólido e sustentável. Hoje entendo que, qualquer que seja o projeto, ele tem de conciliar planos e sonhos. E é assim que faço na Amy Academy. A sorte aqui não é uma variável que conduz as minhas ações, mas apenas um elemento surpresa de impulso para as realizações.

Um dia, li uma matéria que mexeu comigo de uma forma profunda. Ela trazia a informação de que a ONU tinha desenvolvido a Agenda 2030 para o Desenvolvimento Sustentável, cujo objetivo é simplesmente transformar o mundo em um lugar melhor. Uma tarefa nada fácil, diga-se de passagem. A Agenda tratava-se, portanto, de um plano de ação para as pessoas, para a sociedade, para a prosperidade do planeta em contexto geral. Dentre todos os objetivos e metas traçadas, uma me chamou a atenção, a que falava sobre a igualdade de gêneros, mais especificamente a igualdade de gênero no mercado de trabalho, visando garantir a participação plena e efetiva das mulheres, e a igualdade de oportunidades para a liderança em todos os níveis de tomada de decisão: na vida política, econômica e pública.

Foi então que resolvi abraçar verdadeiramente essa causa na Amy, por entender a demanda social existente. Não se pode falar de desigualdade de oportunidades no âmbito laboral apenas pelo viés do preconceito, vai muito além disso, tem a ver com a formação da nossa autoestima, pois se refere às escolhas feitas a partir da construção social dos gêneros e das experiências atribuídas aos homens e mulheres desde a infância, e que vão moldando o nosso entendimento de vida, definindo, assim, as nossas aspirações de carreira de forma individualizada. Percebi então a fragilidade que permeia a realidade de nós, mulheres, o quanto não fomos preparadas adequadamente para assumir o comando de nossas vidas. Percebi que algo a respeito disso precisava ser feito. De uma maneira responsável, cuidadosa e eficiente. Foi por acreditar que eu podia fazer a diferença nesse contexto que resolvi abraçar a causa feminina de uma forma mais profunda.

Nós, mulheres, constituímos a maioria da população mundial. Somos a base de sustentação dos nossos lares. E hoje estamos passando por um momento de transição, no qual deixamos o papel de coadjuvante e estamos assumindo posições de destaque, munidas de um sentimento de igualdade, um sentimento de que também somos merecedoras de grandes conquistas, e que provoca em nós a busca pela independência financeira e emocional. E esse movimento tem tido reflexos significativos no mercado de trabalho, alcançando grandes destaques em diversas frentes, como no empreendedorismo.

Mas, no caso especificamente de nós, mulheres empreendedoras, pelo exercício dos múltiplos papéis que desempenhamos e insistimos em acumular, é algo que deve ser observado com mais cuidado. Precisamos desenvolver nossa inteligência emocional para sabermos identificar quais os pontos fortes e fracos que possuímos e que podem nos ajudar a empreender e a agir de forma intencional e mais assertiva.

Nessa minha trajetória como empreendedora, busco ser uma pessoa multipotencial com conhecimento em diversas áreas que possam me ajudar a resolver os problemas dentro do meu próprio negócio, e também ampliando para a minha vida pessoal.

Durante a maior parte da minha vida, me preocupei somente em desenvolver as chamadas habilidades técnicas, tendo pouco conhecimento sobre as habilidades sociais, um erro que eu pude consertar desde que resolvi empreender, pois hoje sei que são tão importantes quanto os meus conhecimentos técnicos. Afinal, qualquer trabalho que envolve a gestão de si ou do outro passa diretamente pelo autoconhecimento.

Hoje meu trabalho é ajudar empreendedoras ou aspirantes a compreender e desconstruir crenças e comportamentos limitantes, normalmente presentes nas suas trajetórias, e a descobrir e utilizar todo o potencial individual a seu favor, fortalecendo sua jornada empreendedora de maneira sustentável, equilibrando todos os papéis inerentes na vida de toda mulher de uma forma mais leve. Aprendi que é investindo no autoconhecimento que construímos um caminho mais sólido na nossa vida pessoal e profissional. Que desenvolver a inteligência emocional através do autoconhecimento potencializa as nossas competências individuais, estruturando melhor a construção do percurso que iremos seguir, em busca de uma vida com mais significado e realização.

Muitas páginas sobre a minha relação com o empreendedorismo ainda serão escritas, pois o caminho ainda é longo e sei que me reserva muitas vitórias, como também algumas dificuldades, mas

Ludimila Estulano Pimenta

sempre me proporcionando muito crescimento. Sigo aproveitando cada momento, colecionando experiências que enriquecem e engrandecem a minha história, e que conectam de forma harmoniosa e complementar o meu propósito de vida com o do meu negócio. Essa clareza me permite compreender o quanto o meu trabalho faz, sim, a diferença no mundo, o quanto ele é importante, mas, acima de tudo, necessário e especial. O amor pelo que faço é que me permite acreditar na força e no poder transformador de uma mulher, afinal, mulheres que mudam juntas mudam o mundo, começando pelo próprio.

16

Ludmilla Rabelo
Marques Ribeiro

A força feminina e a
certeza do sucesso

Ludmilla Rabelo Marques Ribeiro

Possui graduação em Fisioterapia pela Universidade Estadual de Goiás – Escola de Educação Física e Fisioterapia de Goiás (2007), especialização em Fisioterapia Dermatofuncional pelo Centro de Desenvolvimento Científico em Saúde (2009) e em Docência Universitária pela Universidade Estadual de Goiás – Escola de Educação Física e Fisioterapia de Goiás (2010). Atualmente possui uma clínica de estética em Goiânia, atuando principalmente na área Dermatofuncional nos seguintes temas: estética avançada, criolipólise, criofrequência, tratamento de celulite, estrias, pós-operatório de cirurgia plástica, drenagem linfática manual e mecânica e tratamento de fibroses. Há mais de 12 anos no mercado da estética e sempre traz, de forma pioneira, os melhores e atuais tratamentos que existem para os homens e as mulheres de Goiânia. É reconhecida frequentemente com prêmios pelo seu trabalho nas redes sociais, rádio e televisão locais.

Nasci em Morrinhos, Goiás, mas nunca morei nessa cidade. Minha família é de lá, meus pais moravam em Goiânia e foram para lá só para eu nascer sob os cuidados do médico da família. Sou filha única, fui criada por meus pais em uma família muito unida e amorosa. Com certeza minha família foi a base para tudo que sou hoje, ela é minha fortaleza. Sempre íamos para a fazenda dos meus avós em Água Limpa aos finais de semana. Lá eu convivi muito com meus primos da mesma idade que eu.

Minha mãe era bancária e meu pai motorista. As condições financeiras eram de uma classe média baixa, não eram abundantes, mas meus pais sempre priorizaram meu estudo e não mediram esforços para me proporcionar estudar em escolas boas. Comecei estudando na escola particular Ponto de Partida, de onde tenho muitas lembranças boas daquela fase. Foi uma infância muito feliz! Como meu pai tem problema com bebida, eu me lembro de que naquela época a minha maior preocupação era ele não chegar embriagado em casa para não brigar comigo e com a minha mãe.

Fui uma criança muito precoce: aos três anos eu já sabia ler e escrever, era chamada pela diretora para demonstrar essas habilidades aos pais que chegavam para matricular seus filhos na escola. Aos 14 anos eu tive que escolher qual seria minha profissão, fiz vários testes vocacionais, não tinha certeza do que queria, mas sabia que gostava de pessoas, de me relacionar e de ajudar. Então, decidi pela Fisioterapia e passei no vestibular na Universidade Estadual de Goiás, onde realizei os cinco anos de curso.

Na adolescência tive uma irmã postiça, minha prima que veio da fazenda para morar na casa dos meus pais, e é três anos mais velha que eu. Dormíamos no mesmo quarto, e por muitos anos dividimos conversas e confissões de adolescentes. Até "brigas de irmã" do tipo para ver quem ia rapar o banheiro ou desligar as luzes tivemos (risos).

Eu não tinha ideia de que me tornaria proprietária de uma das clínicas mais conhecidas, reconhecidas e premiadas de Goiás e referência para muitas profissionais do Brasil inteiro. Já atendemos Marília Mendonça, Simone (da dupla Simone e Simaria), Israel Novaes, Thiago Brava, Naiara Azevedo, Juliano (da dupla Henrique e Juliano)... Nunca imaginei que faria viagens internacionais, compraria uma camionete, um apartamento... Tudo isso antes dos 35 anos! E agora graças ao meu esforço e à estética eu consegui isso tudo e muito mais.

Minhas preocupações, enquanto estudante, eram me sair bem em todas as matérias e sempre ser muito bem relacionada e amiga de todos. Nunca fui a mais bonita da faculdade, do tipo daquelas que a gente vê em filme, mas sempre fui bastante popular. As pessoas admiravam e gostavam da minha espontaneidade e da minha alegria. Uma vez me desafiaram a pular na piscina da faculdade de roupa e tudo!! Adivinha o que aconteceu?!

Tive várias inspirações na vida e uma delas é minha madrinha, que sempre me influenciou como pessoa. Ela constantemente conversava comigo e eu admirava bastante seu jeito de vestir, de falar e de se comportar e admiro até hoje. Nunca me esqueço de que na minha formatura ela e meu padrinho me deram dez notas de R$ 100,00 para comprar meu vestido. Eu me lembro que pensei: "Minha madrinha é rica e generosa". Um sentimento de gratidão encheu meu coração naquele momento!

Nunca parei pra pensar no que seria "quando crescesse" em

relação a empreender. Tudo foi acontecendo naturalmente conforme eu me dedicava e investia em ser uma pessoa e profissional melhor. Os acontecimentos foram tomando proporções maiores e hoje eu tenho bens que pareciam distantes da minha realidade.

Lembro-me de que uma das "regras" lá em casa na época de adolescência é que só poderia namorar depois que passasse no vestibular. Mesmo passando aos 14, o primeiro beijo foi com 15 e só fui namorar sério (de apresentar pra família) aos 19, com o Junior, agora meu marido e pai do Caio. Apesar de as condições financeiras não serem abundantes, eu nunca precisei trabalhar antes de me formar. Eu ficava por conta de me dedicar aos estudos durante a faculdade. Aos 20 anos eu estava formada em Fisioterapia e ingressando na pós-graduação em Dermatofuncional para trabalhar com a Estética. Comecei atendendo em domicílio pacientes de pós-operatório de cirurgia plástica. Tenho um primo cirurgião que me auxiliou muito nesse início de carreira. Sou muita grata a ele e a sua esposa, também cirurgiã, que incluíam minhas massagens nas cirurgias e sempre indicavam meu trabalho.

Aos 24 anos, após cinco de namoro, me casei e tive o Caio. A partir daí as mudanças aumentaram ainda mais. Eu sentia uma necessidade de crescer mais porque, até então, atendendo apenas em domicílio sabia que não teria como dar o melhor pro meu filho, como uma escola boa, curso de Inglês, natação, futebol, entre outras coisas. Quando o Caio tinha dois anos, eu me lembro que estava quase desistindo da profissão porque o retorno era muito pouco. Os gastos com gasolina, IPVA, multas, óleo, pneus eram imensos. Além disso, ainda tinha o desgaste com locomoção de uma cliente até outra, o que não compensava no final das contas, na ponta do lápis.

O Junior sempre me apoiou, desde a época do namoro, inclusive quando comecei a atender em domicílio foi no carro dele, um Palio 2004, que eu amassei inteiro (*risos*). Ele me dizia constantemente que se eu quisesse ganhar dinheiro deveria ter pessoas trabalhando comigo, que sozinha eu não conseguiria atender um número maior de pessoas, por melhor profissional que eu fosse nunca ia ser duas, três... Nessa época eu pesquisei sobre lojas na Rua 44 – uma região famosa em Goiânia que vende roupas no atacado – e comecei a fazer a chamada "modinha feminina". Fiz 300 regatas e fui pra calçada vender. Como eu ainda não tinha loja, tive que ir às 4 da manhã (e o Junior foi comigo) e ficar junto com os vendedores ambulantes que vendiam suas mercadorias na calçada de madrugada, antes de a polícia chegar para tirá-los de lá. Eu tentei duas vezes e vi que realmente não tinha nascido pra isso. Chorei muitas vezes! Mas dentro de mim tinha uma certeza e uma força que só pode ser de Deus. Eu sempre acreditei que teria sucesso. Em nenhum momento deixei de pensar: "Um dia vou ser rica e magra". E tenho certeza de que vou conseguir o que eu quero porque sei que só depende de mim. Eu sou a única responsável pela minha vida e decido como reagir a cada fato que acontece nela.

Depois desse período eu comecei a investir em cursos e aparelhos caros, os quais davam muito resultado e assim eu poderia aumentar o preço dos meus serviços. Também investi em técnicas diferenciadas e aprendi a agregar valor ao meu trabalho com o Marketing Pessoal, mostrando que era autoridade no assunto, fazendo com que as pessoas lembrassem o meu nome quando pensassem em estética. O meu sucesso também é resultado da minha dedicação, da escolha de uma ótima equipe (sem ela eu não estaria aqui hoje), do ótimo atendimento e excelência nos procedimentos. Eu invisto em estrutura, técnicas e equipamentos. Eu amo o que eu faço. O sucesso foi a consequência de tudo isso.

Quando comecei a empreender não sabia nada sobre o assunto, como eu disse, as coisas foram acontecendo. Eu não fiz plano de negócios, previsão de faturamento, previsão de capital de giro. Nada! Hoje em dia eu digo que estou "consertando o avião voando" e descobri que a maioria das pequenas empresas começa assim. Eu não sabia como contratar, quanto pagar, quais cargos deveria ter na clínica além da recepção e esteticistas. Errei muito, quebrei a cabeça... E erro até hoje, mas não os mesmos erros. Quando erro eu aprendo e não cometo o mesmo erro de novo.

Pra conseguir chegar aonde cheguei tive que ter muita resiliência, e até hoje não é fácil. Hoje em dia muito mais pessoas "dependem" de mim. E pra que tudo corra bem eu preciso estar bem e transmitir essa força e energia positiva tanto para a equipe como para os clientes. Eu não tenho uma clínica de estética pra ganhar dinheiro, eu tenho uma clínica de estética pra transformar o maior número de pessoas, aumentar a autoestima delas e pra que elas se sintam amadas e empoderadas quando estão ali, e levem isso pra vida. O dinheiro é consequência de um trabalho feito com excelência e dedicação.

Eu não me arrependo de nada. Talvez se eu tivesse colocado tudo na ponta do lápis teria achado que seria muito difícil. Meu perfil comportamental é mais pra agir do que ficar planejando. Não que seja certo, mas foi isso que aconteceu comigo e é assim que sou.

Atualmente, eu faço vários cursos de administração, gestão comercial e MBA em Inteligência de Mercado. Um diferencial muito grande foi ter feito o Programa Mulheres Empreendedoras, um projeto do Mulheres do Brasil em parceria com o Sebrae Goiás que contemplou vários assuntos, desde Gestão Financeira até Marketing, durante seis meses intensos de aprendizado. O programa foi extremamente importante e uma das vantagens é que eu consegui colocar a teoria em prática ao longo dos nossos encontros. A quantidade de experiência trocada entre as empresárias presentes, tanto alunas como mentoras, foi extremamente engrandecedora. Ali eu vi que não estou sozinha, que toda empreendedora tem seus vários obstáculos do dia a dia. Mas eu vi também que nós, mulheres, somos fortes, determinadas e merecedoras de todo sucesso no ramo do empreendedorismo.

Eu sinto que inspiro outras mulheres, recebo inúmeras mensagens todos os dias nas redes sociais agradecendo por compartilhar a forma como vejo o mundo, a forma com que trabalho, a atenção que dou a cada seguidora ou cliente. A maioria das profissionais de estética se inspira em mim e na minha história, principalmente aquelas que estão começando. Eu ajudo sempre que posso com informações e dou cursos e mentoria na área de Gestão e Marketing na Estética. Fui convidada pela Faculdade Senac e agora estou montando a primeira turma de pós-graduação em Estética e Cosmética, da qual serei coordenadora.

Eu acredito que seria egoísmo ficar com todo esse conhecimento só pra mim e creio que fortalecendo as profissionais da beleza estou fortalecendo todo o segmento em que trabalho. E ele vai se tornar cada vez mais forte, me valorizando indiretamente também.

Na correria do dia a dia de trabalho, muitas vezes caímos no automatismo e deixamos de lado outros aspectos muito importantes de nossa vida: família, saúde, finanças, relacionamentos afetivos e bem-estar, por exemplo, fazem parte deste conjunto que, de forma alguma, deve ser preterido em função apenas da carreira. E sabe por quê? Porque é o alinhamento e a congruência entre todas as partes de nós que realmente nos ajudam a construir a prosperidade, o sucesso, a paz interior e a felicidade que tanto buscamos e merecemos ter. Quando não estamos bem em qualquer setor da nossa vida, consequentemente, os demais âmbitos acabam sendo impactados negativamente também. Com isso, estes desequilíbrios acabam limitando diretamente o nosso crescimento profissional, pessoal e até mesmo emocional. Temos que encontrar o equilíbrio entre a vida pessoal e a profissional pra que isso não aconteça. Encontrar a felicidade nas coisas simples do dia a dia, dedicar 100% do pouco tempo ao marido, filhos e amigos... Não importa se você está trabalhando muito e o tempo está curto, se o tempo for de qualidade.

O fato de ser mulher nunca foi uma barreira pra colocar todos os meus planos em prática e nunca tive que abrir mão de algo importante para conciliar a vida pessoal e profissional. Agora que eu cheguei onde estou, sei que posso chegar mais alto ainda. Tenho metas e planos pra um ano, cinco anos, dez anos, 20 anos... Comecei atendendo em domicílio com uma sala de 0m^2, depois passei pra 29m^2, 42m^2, 125m^2 e agora, enquanto escrevo esse capítulo, estamos em reforma para expansão: vamos para mais de 300m^2!

No futuro terei um grande centro estético de referência nacional. Imagino pessoas de outros estados e cidades vindo passar um mês, dois meses em Goiânia e tratar seus corpos e rostos conosco, em nosso clínica.

    Minha mensagem final pra todas as mulheres de Goiás e do Brasil é que existe uma força dentro de vocês que as faz chegar aonde quiserem. Às vezes você precisa parar, respirar e olhar pra dentro de si mesma pra encontrá-la. 💗

Ludmilla Rabelo Marques Ribeiro

17

Ludymilla Damatta

Rede Goiana
da Mulher
Empreendedora

Ludymilla Damatta

Empresária de Moda, administradora, possui MBA em Marketing pela UFRJ, Extensão em Gestão de Varejo pela FGV, é pós-graduanda em Psicologia Positiva pelo IPOG, fundadora da Rede Goiana da Mulher Empreendedora, líder do PSD Mulher Goiânia. Consultora de Imagem por Titta Aguiar e Alexandre Taleb, *visual merchandiser*, *thetahealer*, *coach* pela Academia Internacional de Coaching e escritora.

Contatos:

E-mail: ludymilladamatta@hotmail.com

Instagram: @ludymilla_damatta @redegoianame

Facebook: www.fb.com/redegoianame

"Toda a história da REDE foi escrita por Mulheres."

Ludymilla Damatta

Sou filha de comerciante. Gosto de frisar isto. Aliás, me denomino assim também. Meus pais foram os pioneiros da moda masculina no Estado de Goiás. Desta maneira, além de ter vivenciado desde muito cedo o dia a dia das vendas, também vivenciei, através da atitude de liderança do meu pai, Antônio Damatta, o que é ser líder de um segmento; aquele que inicia um determinado ramo e dá a ele *status* de pioneirismo por agregar sempre novos conceitos ao mesmo. Dos três filhos, relata meu tio, eu era a filha que mais gostava de ir às lojas, de estar no salão de vendas, junto com os funcionários e clientes. Eram visíveis os traços de personalidade de uma comerciante nata. Arriscaria dizer de uma empreendedora nata, como mais tarde tudo indicaria, já que àquela época não se usava o termo empreendedora.

Aos nove anos de idade, arrisquei minha primeira consultoria de imagem. Lembro-me de ter dito a um cliente que levasse a camisa que havia experimentado, pois tinha caído muito bem para o tom de pele dele e que a estampa estava combinando com seu estilo descontraído. É claro que não preciso dizer que fui motivo de risada para o cliente, que me achou muito "fofa", e também para o vendedor, que me achou muito "entendida" para minha idade. Mas eu estava falando sério. Eu tinha feito uma análise visual e aquelas eram as minhas observações a respeito da camisa que ele deveria levar. Senti-me constrangida por não terem levado a sério a minha sugestão. Afinal, desde a gestação da minha mãe eu frequentava as lojas e aquele era meu mundo desde então. Ou seja, eu sabia do que estava falando. Não era simplesmente uma menininha ensaiando seus primeiros passos nas vendas, mas, sim, uma menina que sabia o que estava fazendo. Eu tinha essa clareza dentro de mim.

Apesar de muito carismática e comunicativa, eu também era séria... e achava que as pessoas tinham que se preparar para executar suas atividades. Meu pai, um comerciante nato, levava suas lojas com o carisma digno dos grandes vendedores daquela época. Vejo que somei à simpatia herdada o gosto pelo estudo. Minha mãe, Regina Rocha, era também uma exímia anfitriã e vendia tão bem quanto meu pai. Aprendi com eles a amar o contato com as pessoas e o valor da construção de um negócio, de uma História.

Aos 16 anos de idade, ingressei na universidade. A partir daquele momento, decidi trocar as raquetes pelos livros. Por sinal, o esporte sempre fez parte da nossa família. Era diário, praticamente, e desde a infância. Tudo porque meus pais frequentavam assiduamente o Jóquei Clube e, lá, praticávamos todas as modalidades de esportes que o clube proporcionava, além do tênis, a principal atividade esportiva da família. Em casa, todos jogávamos, meus pais e os três filhos. Eu diria que a influência deste estilo de vida com atividades esportivas e todo o convívio social que o clube proporcionava impactou diretamente a minha vida. Esse *modus operandi* dos meus pais, que envolvia comércio, vendas, atendimento, marketing inovador, clube e convívio social intenso foram a base dos valores que cultivei em mim como pessoa. A minha contribuição para uma trajetória única foi a parte séria da Ludymilla: o gosto pelo conhecimento, pela sala de aula, pela leitura, pelos estudos, pelas pesquisas.

O início da minha atividade profissional (com carteira assinada) se deu em uma multinacional na área de telecomunicação (parece brincadeira, mas não é, afinal, as comunicativas precisam se comunicar); e foi muito interessante isso ter acontecido, pois não foi diretamente na empresa da família, como muitos poderiam supor. De cara, um superprocesso seletivo, uma empresa nova no mercado, e uma jovem mulher buscando uma boa colocação após sair da universidade. Lembro-me de ter me preparado muito para a entrevista, de ter buscado informações sobre a empresa, números e dados concretos sobre o segmento de telecomunicações no geral. Lembro-me como se fosse hoje: as respostas às perguntas do recrutador o fizeram me escolher para um nível acima daquela vaga pretendida. Naquele momento, eu tive a certeza do quão valioso era investir em conhecimento para alavancar o crescimento profissional. E também tive a grata experiência de sentir na pele o quanto a inteligência da mulher já agregava valor ao mercado. Aquela entrevista de emprego reforçou a minha teoria de menina: a mulher e sua inteligência sempre estiveram ali, talvez desde muito cedo, esperando somente uma oportunidade para desabrochar, ser vista e reconhecida.

Por incrível que pareça, essa empresa já tinha um quadro com um número significativo de mulheres em seus postos de trabalho em todos os níveis. Era gratificante trabalhar com tantas mulheres fantásticas. Era gratificante trabalhar em equipe, dar e receber *feedback*, participar de treinamentos, ver o crescimento de cada uma e da empresa e conhecer tantas histórias de superação. Era motivador pra mim aquele ambiente mais igualitário, e com tantas pessoas maravilhosas, homens e mulheres. Quisera que todas as jovens do meu país pudessem ter a oportunidade de um trabalho tão inspirador em início de carreira como eu tive. Uma grande empresa não somente na estrutura, mas também no conjunto de seus colaboradores e de suas estratégias internas e externas. Quisera todas as empresas do meu país prezassem por esse propósito.

Eu sou uma entusiasta do crescimento. Eu sou uma entusiasta do progresso. Percebo isso claramente. Meus olhos brilham com grandes projetos, com excelentes oportunidades de melhoria, com o avanço da sociedade, da ciência, das empresas, das instituições públicas. Eu amo o progresso. Definitivamente. Eu acredito no poder do protagonismo.

Após a experiência inicial nesta empresa de telecomunicações,

Ludymilla Damatta

logo fui promovida para outro departamento dela. Lugar de gente grande, diríamos. E foi um aprendizado muito grande, pois me possibilitou chegar a uma grande conclusão: muitas vezes o que estamos procurando não está fora, mas, sim, dentro de nós. Foi quando eu percebi minha desmotivação neste novo departamento, falta de adaptação com a nova atividade, uma desconexão sem tamanho. Resultado: tristeza e falta de sentido. Nunca imaginei que isto pudesse acontecer. Afinal, eu deveria estar feliz com a promoção.

Enfim, a realidade bateu à porta. Eu não me encaixava naquela função. Não era o meu perfil e não consegui me adaptar. Eu não estava satisfeita. Pelo contrário, estava cada dia mais infeliz. E, finalmente, o grande dia chegou. O dia do desligamento. O dia em que fui salva por mim mesma, pois não conseguiria entregar o meu melhor naquela área. Esse foi um grande desafio pra mim. Admitir minha insatisfação naquele trabalho. Encarar que aquilo não era pra mim. Entender que o trabalho tem dessas particularidades e é preciso respeitar não somente a natureza daquela atividade como também a sua natureza, aquilo que lhe é característico e que casa com a sua individualidade. Talvez o maior desafio tenha sido admitir que as coisas precisam fazer sentido, e eu estava tentando esconder isso de mim mesma. Como eu poderia estar numa área melhor, ganhando mais, com maiores chances e não estar bem... não fazia sentido, mas a verdade é que não estava fazendo sentido pra mim e eu precisava encarar essa verdade.

Depois de um tempo, passado aquele pesadelo, percebi que seria fundamental investir em autoconhecimento, cursos, testes, *feedbacks*, tudo que pudesse clarear meus pontos fortes, a fim de que eu pudesse direcionar minha produtividade para algo que tivesse mais a ver comigo. E, adivinhem vocês... Recebi muitos *feedbacks* dizendo que eu era muito boa em moda, vendas... Pasmem... Justamente de onde eu havia partido... Justamente aquilo que era o que havia feito desde menina... Enfim, o bom filho à casa retorna. E, de fato, esse realinhamento com minha essência fez que eu pudesse não somente focar naquela atividade com todo empenho, mas também, e principalmente, me propiciou vislumbrar outros horizontes, projetos antes guardados, sonhos que deveriam sair da gaveta... Aquela paz de espírito de ter voltado pro eixo me permitiu alçar novos voos. E assim o fiz, na certeza de que vivia um novo momento em minha vida em que minha alma estava feliz, sentindo-se produtiva, e vendo sentido em tudo.

Concomitantemente a toda essa trajetória descrita acima, desenvolvi, desde muito cedo, uma atuação dentro de partidos políticos. Eu esboçava muitos projetos sociais e foi através de um deles que ingressei com mais força dentro de um partido de projeção em meu Estado. Eu acreditava que as mulheres também deveriam marcar presença na esfera pública, contribuindo para um país melhor. E assim eu o fiz. Formulava planos de governo relativos às questões femininas para as pessoas que se candidatavam, palestrava nos encontros das mulheres, fazia a abertura desses eventos com discursos promissores, apresentava as demandas do gênero e incentivava o segmento das mulheres a participar ativamente da vida pública do nosso país. A política é um desafio em si mesmo e, para as mulheres, mais ainda. Não acredito que tenhamos avançado a ponto de transformar mulheres líderes e com potencial gigantesco encontradas em todas as classes sociais em candidatas efetivamente eleitas sem a interferência da herança política ou do poder econômico. Ainda temos um longo caminho pela frente.

Mas, nem por isso deixei de dar a minha contribuição à questão das mulheres na política em meu país. Atualmente, continuo trabalhando em prol do avanço da mulher na política, represento aquelas que intentam chegar ao objetivo final sem precisar usar os artifícios da antiga política. Acredito que é dever dos bons educar para a cidadania. E assim tenho feito. A cada eleição, mostramos a força da mulher competente que luta o bom combate com empenho e propósito.

Logo após ter realinhado meus pontos fortes e voltado ao eixo, trabalhando novamente com moda masculina, liderando e fortalecendo a equipe, dando o meu melhor naquela empresa familiar, decidi que estaria ali como profissional de moda, de estilo,

Ludymilla Damatta

como administradora (minha segunda formação), e como mulher de negócio. Desde então, fiz todas as formações possíveis ligadas ao negócio. Pós-Graduação em Marketing pela Universidade Federal do Rio de Janeiro (UFRJ), Extensão em Gestão de Varejo pela FGV, Consultoria de Imagem com Titta Aguiar e Alexandre Taleb (São Paulo). Concluí quatro formações em Vitrinismo, assumindo as vitrines das lojas. Diante de tanto aprendizado, decidi me responsabilizar pelas lojas. Foram 12 anos vestindo 23 manequins, coordenando as datas temáticas do comércio com vitrines dentro da tendência e orçamento curto. Um desafio e tanto. Um desafio gigante, eu diria. Também lancei um boletim com dicas de moda e estilo para rádios, o Fashion News. Era produzido e apresentado por Ludymilla Damatta. Uauuuuu. Outro grande projeto. E, mais uma vez, outro desafio gigante. Assumi também a coluna de moda do jornal *A Hora Online*. A consultoria de estilo também passou a ser o foco do nosso atendimento. E todas as vendedoras eram treinadas por mim para tal objetivo. Eu tomei as rédeas e encarei o risco de fazer dar certo.

Finalmente, criamos uma segunda marca com uma nova loja, em novo endereço. Era a nossa aposta para o futuro que se descortinava, uma vez que o próprio comércio pedia mudanças e ajustes ao longo do tempo. Era preciso renovar, e assim o fizemos. Acompanhei toda a obra, todo o investimento, toda tensão de levantar uma loja do zero. Às vésperas da inauguração, lá estava eu, no chão, ajudando a tirar os restos de cimento do porcelanato com a espátula. Eu estava presente no sonho e na execução dele. Eu estava presente em todos os momentos e com todo o otimismo possível. Eu era a realização do que precisava ser feito, sem colocar nenhum tipo de empecilho. Era preciso concluir. E concluímos. Nova loja, novo vigor. Mais um sonho concretizado. E, mais uma vez, outra luta que se iniciava. A luta de fazer dar certo, novamente.

Aprendi com o comércio a cair e levantar. São tantos os picos no varejo que acabei adquirindo essa habilidade. O comércio me ensinou a viver. É muito tenso, dinâmico, e progressista. A todo momento existe uma novidade... Um novo sistema, uma nova tendência, novos comportamentos do consumidor... Um novo concorrente, e novas decisões a serem tomadas todos os dias. Muitas vezes, nada agradáveis. Muitas vezes, envolvendo até o fim de algo que foi construído com todo amor e fé. Uau!!! Ufa!!! Reinventar é o verbo mais apropriado para os filhos do comércio. Uma odisseia onde muitos fatores estão envolvidos, principalmente em se tratando de uma empresa familiar.

Minha trajetória dentro do negócio da família não foi tão fácil, pois centralizar era a principal característica do patriarca. No início, eu era apenas uma menina "tentando" trabalhar, sem nenhum tipo de voz ativa, sem a menor credibilidade, ou competência, poderíamos dizer. Afinal, mesmo formada, uma jovem não poderia agregar tanto a um negócio... Era muito jovem e mulher. Então, decidi conversar com um dos melhores professores do meu curso de Administração. Solicitei uma consultoria para expor o que eu estava vivendo. Para que tanto conhecimento se não poderia aplicá-lo... não fazia sentido. E tive, então, minha primeira grande lição no mundo dos negócios: "A força da prática muitas vezes transforma a própria teoria". A partir de então, meu desafio foi ir caminhando no dia a dia, com o objetivo de fazer convergir teoria e prática na medida do possível, claro, sem passar por cima da experiência já adquirida pelos anos de comércio da família, mas, ao mesmo tempo, tentando agregar valor através das teorias estudadas. Eu não poderia ser somente a graduação em pessoa, e fazê-la prevalecer sob os anos de experiência dos meus pais. Eu também deveria absorver da prática para me tornar uma profissional completa. E, assim, fui me desenvolvendo no ramo, adquirindo a tão aclamada experiência, mas nunca deixando de estudar, de aprender mais, como uma moeda que tem dois lados. Ambos, igualmente importantes.

Diante de tantos desafios, e numa busca constante de aprendizado, decidi, então, dar voz e vez a projetos que estavam guardados, baseados em minha experiência pessoal, em minhas observações e análises do papel da mulher no mundo empresarial. Eu cresci vencendo desafios e esta realidade não deveria ser diferente para todas

Ludymilla Damatta

aquelas que também estavam buscando seu espaço. Sempre li muito e acompanhava os periódicos mais influentes do país. Eu ficava observando o vaivém dos executivos, seus novos cargos, suas novas posições, a ascensão de suas vidas profissionais. Homens como meteoros rumo ao topo. A dança das cadeiras, as contratações milionárias, as multinacionais, as fusões globais... Tudo isso, toda essa orquestra regida por homens. Os conselhos, as assembleias, os sindicatos, os fóruns e todas as decisões mais importantes das vidas dos indivíduos, das sociedades, os rumos da economia... Tudo deliberado por eles. E onde estavam as mulheres?, eu me perguntava. Éramos tantas e tão inteligentes quanto, tão competentes quanto eles. Lembro-me de ir aos congressos com meu pai já desde menina. Amava e não via a hora de ir aos próximos. As pastinhas, o crachá, o auditório cheio, as palestras, os palestrantes... Eu era fascinada.

Em Goiás, mulheres em posições estratégicas sempre foi uma realidade muito distante. Estar no centro do país, geograficamente falando, nos dá uma dimensão da força do "clube do Bolinha" que temos por aqui. Além disso, tínhamos um forte jargão bastante difundido em nossa cultura em todo o Estado. Éramos consideradas as mulheres mais bonitas do Brasil. Ideia difundida por determinado locutor em uma rádio da capital de projeção significativa. Ou seja, não precisávamos ser mais do que bonitas... E nosso legado, a beleza, fonte de todas as soluções que uma mulher desejasse. Será?...

Tudo isso me intrigava muito e minha própria experiência me apontava a dificuldade em vencer essa barreira de ser reconhecida pela inteligência, pela competência, pelo esforço próprio e pela superação. Guardei esse anseio por anos e, movida pela ascensão mundial das mulheres, decidi, finalmente, tirar esse projeto do papel e fundar a Rede Goiana da Mulher Empreendedora, a Maior Rede de Empreendedorismo Feminino no Centro-Oeste. Decidi agregar todas as mulheres que amavam estudar, que amavam empreender, que tinham construído suas próprias histórias, suas próprias empresas, carreiras e seus próprios sonhos e projetos. Motivadas pela necessidade ou pela oportunidade, decidi que estaríamos todas juntas, independentemente de classe social, unidas por um único objetivo: o reconhecimento e o fortalecimento da mulher goiana. Caberia à Rede entregar a todas as empreendedoras a força necessária para o primeiro passo e para os próximos, sempre que necessário, através de dois pilares básicos: *networking* de qualidade e o apoio ao estudo, fonte certa de crescimento para mulheres que desejam vencer.

Toda a história da Rede foi escrita por mulheres, desde o início até os dias atuais, comprovando assim o poder da mulher empreendedora em nosso Estado. Mulher que consegue crescer por si própria, se projetar e alcançar seus sonhos. Fundamentada também na força do Empreendedorismo, a Rede acredita que esta é uma opção para aquelas que vivem a angustiante tarefa de cuidar de tudo e de todos ao mesmo tempo. Além de se apresentar como uma grande oportunidade, o Empreendedorismo é também uma necessidade muito presente para aquelas que precisam criar suas próprias rotinas a fim de vivenciar todas as áreas de suas vidas com mais equilíbrio e satisfação pessoal. A Rede acredita na mulher e na força do Empreendedorismo Feminino. E, para o Estado de Goiás, a Rede é como uma rosa em meio ao cinzento cenário composto de instituições basicamente masculinas. Mas, não qualquer rosa, e, sim, a mais bela de todas. Viva a Rede Goiana da Mulher Empreendedora. A força palpável do lado "mais sensível" de toda esta história de um Estado dominado por homens. Avante, Mulheres Empreendedoras da Rede. O futuro é nosso. E o melhor ainda está para vir!

Finalizo deixando registrado meu agradecimento especial à Madrinha da Rede, Helena Ribeiro, que abraçou nossa iniciativa desde o princípio. Sua determinação e empreendedorismo fizeram toda diferença. E vejo que a Rede é isso, a união de mulheres fortes que sabem aonde desejam chegar. Fica aqui o meu profundo sentimento de gratidão a Deus pela oportunidade de alcançar, através da Rede, todas as mulheres para as quais Ele tem um propósito. Assim seja. Acompanhem nosso trabalho nas redes sociais. Será um prazer tê-las conosco.

Ludymilla Damatta

18

Magda da Silva

O que eu aprendi com as pedras

Magda da Silva

Idealizadora e CEO do Instituto Semeare de Coaching de Carreira. Apaixonada pelo desenvolvimento humano, acredita no poder transformador que o Direito, a Educação e o Coaching podem trazer para aqueles que buscam uma vida profissional significativa. Docente de pós-graduação – IPOG. Advogada, pós-graduada nas áreas de Direito e Processo do Trabalho com Docência do Ensino Superior; especialista em Educação pela PUC-RS; Master Coach pelo IPOG – GO. Mediadora formada pela FGV; mediadora, docente e palestrante no Núcleo Nacional Especializado de Mediação Intraempresarial da CAMES – BR.

Contatos:

E-mail: magda@semearecoaching.com.br

www.semearecoaching.com.br

Acredito que não importa a sua origem para conquistar o que você quer, desde que esteja aberta para as oportunidades e aprenda a amar, honrar e respeitar a sua história. A minha começou em uma tarde chuvosa em 9 de fevereiro de 1982, na cidade de Nova Xavantina, no Mato Grosso. Nasci em uma família simples que vivia no campo e meus primeiros 14 anos de vida foram ao lado da minha mãe, meu pai e meu irmão. Por um tempo vi meu pai se dedicar à terra, plantando, cultivando e colhendo. Não tenho grandes registros na memória desse período, o maior marco de lembrança que sempre esteve presente ocorre posteriormente, quando o meu pai se torna um garimpeiro em um garimpo de ouro chamado Araés, na zona rural da minha cidade natal. Foi aos meus exatos quatro anos que comecei a sofrer com a ausência de um pai que sonhava em achar o maior "filão" de ouro pelo país.

A partir de então quase todas as minhas lembranças e referências são marcadas por uma vida ora no garimpo junto com meu pai, ora distante desse mesmo homem que me ensinava muito por sua obstinação e sonho. E foi o sonho do meu pai que me despertou um fascínio pelas pedras e me fez partir em busca de uma nova vida.

Aos 14 anos eu tinha estudado apenas até a quarta série do ensino fundamental, isso porque em muitos dos garimpos em que acompanhei minha família não havia escola, porém, eu carregava em mim um grande amor pela leitura. Lia a bíblia, pois era o livro que me era permitido ler, mas também violava as regras lendo outros livros escondido que eu costumava enterrar no quintal da casa para ler quando meus pais não estavam por perto. Eu acreditava verdadeiramente que lá estavam as respostas para todos os sonhos que eu queria realizar. Alimentava meu futuro com três grandes sonhos que nortearam todas as minhas escolhas: poder estudar e conquistar um curso superior, ser cantora gospel e me conectar com o maior número de pessoas por onde eu passasse.

Quando nessa época meus pais decidem ir para um garimpo no Amapá tive que fazer uma das mais importantes escolhas da minha trajetória: me tornar independente e assumir a minha vida, contrariando a vontade deles. Entendi que a vida no garimpo e a conexão com as pedras de ouro que meu pai buscava me serviriam como aprendizado, mas que o caminho que eu queria seguir não estava ali.

Na tarde do dia 11 de janeiro de 1999 um avião pousa no aeroporto da cidade de Barra do Garças, no Mato Grosso, que fica a alguns quilômetros da cidade onde eu nasci. Depois de morar no estado do Pará por aproximadamente oito anos lá estava eu de volta às minhas raízes. Havia concluído apenas a sexta série do ensino fundamental e aos 16 anos fiz o supletivo da sétima e oitava séries. Aos 17 anos a vida coloca o pai do meu filho em meu caminho, e durante essa relação, que durou 15 anos e pela qual sou muito grata à vida, pude realizar o meu grande sonho de estudar e fazer um curso superior.

A verdade é que o tempo voa, quando temos filhos sabemos o quanto isso é real. O tempo passou rápido pra mim também e eu tive que aprender a duras penas a conciliar um casamento aos 17, a maternidade aos 18 e a minha busca incansável pelo conhecimento. Quando meu filho completou seu primeiro ano de vida eu iniciei o ensino médio. Esse foi um período difícil, pois tive que enfrentar e superar as deficiências que a falta de uma base escolar causou e ainda administrar uma depressão que se iniciou logo nos meus primeiros anos como mãe e me acompanhou como um fantasma por longos 11 anos. Mas a vida sempre nos surpreende nos dando a força necessária para superarmos quaisquer desafios.

Em janeiro de 2010 lá estava a menina que aprendeu com as pedras descendo a escada, dançando "I Gotta Feeling", celebrando sua formatura em Direito e ouvindo seu pai dizer, aos prantos e após sete anos sem nos vermos: "Você é um grande orgulho pra mim e a primeira neta de seu avô a fazer um curso superior". Uma data memorável e inesquecível, mas o melhor viria em forma de aprovação no exame da Ordem dos Advogados do Brasil (OAB). Agora sim, advogada e com um universo de possibilidades pela frente.

A partir desse momento, iniciei uma observação diária do que fazia sentido pra mim com aquela profissão e em menos de um ano montei o meu escritório de advocacia. Os três anos que se sucederam foram dedicados ao escritório e a um dos meus sonhos, estar conectada às pessoas, que realizei me tornando professora. E foi na sala de aula que percebi que estar com pessoas, facilitar o aprendizado e incentivá-las na jornada em busca do conhecimento era meu melhor lugar no mundo.

Todos temos momentos decisivos em nossa vida que nos obrigam a parar, olhar para dentro de nós, enxergar nossa essência, repensar quem somos e o que queremos. No meu caso, o fim de uma relação de 15 anos me convidou a enxergar todas as dificuldades que já havia superado e que eu estava recebendo novas páginas para escrever um pouco mais de histórias e foi isso que fiz. Mudei-me para Goiânia, capital de Goiás, em 2015, na mala um monte de medos, um punhado de dúvidas, algumas cicatrizes na alma, mas com uma vontade latente em meu coração: empreender! E, dessa forma, ajudar as pessoas na busca pelo conhecimento, inclusive meu filho, que cursaria o nono ano do ensino fundamental.

Com todos os desafios para me adaptar a uma nova vida, mergulhei fundo em busca de respostas para criar um planejamento para uma carreira inovadora em que eu pudesse contribuir com o aprendizado das pessoas. Foi então que, após estudar meses e fazer minhas formações em Coaching, nasceu o meu tão sonhado projeto de empreendedorismo, como gosto de dizer, o meu "segundo filho", o Instituto Semeare de Coaching de Carreira, um projeto que alia Coaching e Educação.

Uma das coisas que mais me marcou ao longo da minha trajetória sempre foi o inconformismo que tinha e ainda carrego comigo sobre as dificuldades que as mulheres encontram para se desenvolverem e se destacarem na carreira. Acredito que fomos aprisionadas dentro de nós mesmas por estigmas sociais e hoje lutamos para quebrar barreiras e superar os obstáculos que enfrentamos por exercermos tantos papéis. Ao longo desse novo caminho, repleto de descobertas, eu carregava em mim cada mulher que havia feito parte da minha história e também as que eu conhecia a cada dia e me inspiravam a seguir firme para realizar o meu sonho.

Quando eu era criança costumava observar atentamente algumas mulheres da minha família, em especial a minha avó paterna, e, apesar de ter convivido com ela somente até os meus 12 anos, pude aprender inúmeras coisas. Entre elas, a culinária, um dos dois *hobbies* que procuro inserir em minha rotina. O outro não é apenas um passatempo, mas um dos sonhos que realizo apenas nos bastidores, cantar. Ter um tempo especial para fazer o que me dá prazer me faz ser mais leve, criativa e me deixa energizada para seguir a minha carreira no empreendedorismo.

A arte de observar me fez desenvolver a capacidade de me inspirar com cada uma das mulheres com que tive o privilégio de conviver nessa minha caminhada, que me emprestaram muitas vezes os seus pés, suas forças, sua coragem e seu apoio. Conversar e conviver com inúmeras mulheres ao longo da minha vida pessoal e profissional me fez perceber que compartilhamos os mesmos medos: não ser boa o suficiente, não ser aceita, não ser respeitada e não dar conta de tantos papéis.

O que eu tenho aprendido é que, em algum momento, foi dito a nós que teríamos de dar conta de tudo, e nós acreditamos nisso.

O resultado? Uma autocobrança diária que nos impede de enxergar o nosso verdadeiro potencial. As principais estratégias que uso para conciliar os meus papéis é buscar fazer o meu melhor a cada momento, entender qual de fato é a minha parte e exercitar meu estado de presença para que a experiência seja o mais prazerosa possível.

Carrego comigo uma pergunta que me ajudou a superar os inúmeros desafios que enfrentei ao longo da minha trajetória: *Qual sentido há em fazer isso?* Uma das respostas mais significativas vieram de um vídeo que uso hoje em minhas palestras e aulas, nele, Beyoncé interpreta a música "I Was Here", e toda vez que assisto sinto a música estremecer todo o meu corpo, então digo pra mim mesma que o sentido para fazer o que faço é saber que "eu estive aqui".

Para seguirmos o nosso caminho precisamos estar atentos aos sinais que a vida nos dá. Oportunidades são presentes da vida e elas estão disponíveis a todos, quando elas aparecerem, receba, agradeça, ouça seu coração e por fim acredite que esse é seu momento. Tudo o que fizemos e o que estamos buscando para nossa vida, quando conectados aos nossos sonhos, é a verdadeira expressão da nossa essência.

Não há regras para seguirmos o nosso caminho, podemos ser o que queremos ser, fazer o que queremos fazer e viver a vida que merecemos. No meu caso, empreender na área de Coaching e Educação foi com base em uma única certeza: a de que, mesmo sendo advogada, eu poderia cantar minha canção para o mundo da forma que mais fizesse sentido pra mim, e essa é uma das incríveis oportunidades do empreendedorismo. A partir dessa perspectiva, mapeei as principais competências que eu precisava desenvolver para fazer a diferença no meu nicho de atuação, e busquei incansavelmente cada uma delas e continuo procurando aprimorá-las. Percebo que algumas foram e são imprescindíveis para eu conquistar os meus objetivos e do Instituto Semeare: autoconhecimento, flexibilidade, pensamento criativo, mentalidade de crescimento, empatia e antifragilidade.

Magda da Silva

Trabalho o desenvolvimento de competências com os meus clientes todos os dias em meu escritório e me sinto um laboratório vivo que está na ativa 24 horas, e assim posso contribuir ainda mais com o desenvolvimento de cada um.

Para conquistar os resultados que queremos em nossa carreira, precisamos saber aproveitar todas as competências que temos e estar abertos para desenvolver inúmeras competências que podemos ter. Esse será o grande diferencial na sua carreira, portanto, descubra seu potencial e acredite que dentro de você ainda tem muito mais.

Precisei chegar aos meus 37 anos de idade, ver meu filho aos 18 anos ingressar na graduação, me reinventar na vida pessoal e profissional, descobrir o meu propósito de vida, abrir minha empresa, trabalhar naquilo que eu amo para descobrir a líder que havia dentro de mim. Na verdade gosto de dizer que as pedras me ensinaram também a ser líder de mim mesma e isso fez e faz total diferença na mulher que me tornei.

O que eu vejo é que muitas mulheres ainda não descobriram os seus potenciais. Somos as detentoras das competências mais escassas dentro das organizações, precisamos aprender a usá-las para galgar passos de liderança e fazermos o nosso movimento fomentando projetos que valorizem o potencial que há em nós.

De uma coisa eu estou certa, uma das forças que me impulsionaram para conquistar os meus sonhos foi o amor ao aprendizado, foi esse amor que me fez ler livros escondido, acreditar que existia um mundo além do garimpo e das pedras e que somente a leitura me daria condições para abrir a porta que dava acesso ao conhecimento.

Sou uma verdadeira apaixonada por pessoas e acredito com todo meu coração no desenvolvimento do potencial humano. Ao longo da minha história sei que pude facilitar inúmeras transformações, em palestras, aulas, treinamentos, atendimentos em grupos e individualmente, mas sei que ainda há um lindo caminho pela frente e enquanto eu respirar sei que vou cantar "I Was Here" por onde eu passar.

O que aprendi com as pedras é que elas podem ser quebradas, esmagadas, trituradas e moídas e está tudo certo, pois ao sofrer esse processo sua beleza maior impera reluzente e encantadora nos olhos de quem as encontra. Aprendi ainda a não esperar encontrar a pedra cravejada de ouro, mas busquei incansavelmente o brilho do meu potencial por meio do conhecimento.

Quando descobri a verdadeira riqueza das pedras, a grande magia aconteceu. Ao longo dessa caminhada tive que me tornar empreendedora de mim mesma todos os dias. As experiências que vivi, os obstáculos que enfrentei, as dores que senti, as pedras nas quais tropecei, a aridez dos inúmeros solos por onde passei me lapidaram, e me fizeram enxergar que o meu potencial estava aqui o tempo todo. Olho para o futuro e não me vejo fazendo outra coisa a não ser despertar nas pessoas o seu potencial máximo, numa visão integral e sistêmica de suas carreiras, seja por meio dos processos de Coaching de carreira, seja nas palestras e *workshops* ou ainda na sala de aula, que é o lugar aonde eu me conecto com o brilho e a riqueza de quem me tornei.

Para você que gentilmente me acompanhou até estas últimas linhas deixo um convite especial: sê aquilo que és na essência, escolha tuas melhores sementes com sabedoria, permita-se realizar os teus sonhos, viva a alegria de tuas conquistas. Gratidão por você existir e por buscar o seu potencial máximo todos os dias. Somos irmãs de caminhada! Somos todas semeadoras!

Magda da Silva

19

Mariana Kyosen
Nakatani

Uma vida com propósito

Mariana Kyosen Nakatani

Mestre em Clínica Odontológica pela Faculdade de Odontologia da Universidade Federal de Goiás (UFG), especialista em Endodontia pela Associação Odontológica do Norte do Paraná, graduada em Odontologia pela Universidade Estadual do Oeste do Paraná (Unioeste). É proprietária da Odonto Seed e da Beauty Seed.

Minha família é constituída basicamente por mulheres. Meus avós maternos tiveram nove filhas e nenhum filho. A família paterna, quatro filhas e um filho, meu pai. Apesar de meus avós possuírem pouco estudo, são nove tias professoras, sete da parte materna e duas paternas. Mulheres professoras foram algumas das maiores influências na minha história.

Sou descendente de japoneses. Meus pais vieram do interior do Paraná após se casarem porque havia uma boa oportunidade de emprego para papai, engenheiro agrônomo. Mamãe era formada em Enfermagem.

Nasci em 24 de maio de 1984, primeira filha e neta paterna. Uma criança muito aguardada, pois um mês antes de meu nascimento um grave acidente de carro quase matou meus pais e eu, que estava na barriga da minha mãe.

O começo da vida em Goiânia foi permeado por desafios. Sou a primeira de três filhos. Carolina é a segunda, com diferença de um ano e seis meses para mim. Júlio é o terceiro, um ano e oito meses mais novo que Carolina. Não tínhamos parentes próximos, éramos nós cinco para tudo.

Papai sempre viajava a trabalho e ficava pouco tempo em casa. Mamãe assumiu a maior parte das tarefas durante esta fase. Felizmente meus pais faziam amizades com facilidade e sempre tínhamos pessoas próximas para ajudar.

Mamãe passou em um concurso para professora da Universidade Federal de Goiás no ano do nascimento da Carolina e papai resolveu empreender quando Júlio nasceu. O sonho de papai começou em 1987, quando abriu a Macaju. Vendia-se muito, porém, como não havia uma economia estável, o recebimento não era compatível com a venda, o que resultou na primeira falência.

Devido às circunstâncias financeiras, mudamos de um apartamento na região central da cidade para uma casa em um bairro periférico. Apesar das dificuldades, minha infância foi muito alegre. Naquela casa, onde meus pais moram até hoje, passamos momentos muito bons. Brincávamos na rua e corríamos à vontade.

Estudávamos em uma escola particular, presbiteriana. Foi o primeiro lugar de formação em todos os aspectos, da alfabetização até o término do ensino fundamental. Lembro-me com muito carinho da escola. Havia preocupação com o ensino básico e também com a formação de pessoas para a sociedade. Educação sempre foi algo prioritário em nossa formação. Apesar de todos os contratempos financeiros, era um ponto inegociável, possivelmente pela quantidade de professoras na família.

Foi um período difícil, pois papai foi trabalhar no Ceasa após a falência. Apesar de sua formação acadêmica, descarregava caminhões de repolho e fazia trabalhos braçais até conseguir um novo trabalho. Saía de casa às três da manhã e sempre voltava tarde. Nesse período, o via pouco, e quando via estava cansado. Mamãe segurava as pontas, fazia tortas, bolos e, como professora universitária, pegava todos os projetos extras que apareciam.

Chegamos à adolescência e ao ensino médio. Mudamos para um dos melhores colégios da época, de classe média alta. Mamãe fazia todo esforço possível para nos manter lá. Como a escola ficava do outro lado da cidade, íamos de van. Éramos os primeiros a serem pegos, às cinco da manhã, e os últimos a serem deixados, após as duas da tarde. Nessa época desenvolvi uma gastrite, mascava muito chiclete e ficava muito tempo sem me alimentar, mas foi uma das melhores fases da vida. Apaixonei-me pelo menino mais *nerd* da sala e, como não podia "perder" para ele, tinha que me esforçar mais, pois nunca fui muito estudiosa, odiava matérias exatas, mas me virava e passava.

Aos 17 anos de idade, como a maioria das adolescentes, não sabia qual curso superior fazer. Pensei em Jornalismo ou Publicidade, mas mamãe dizia que "japonesa" fazendo Jornalismo não daria muito certo e que quem tinha facilidade em comunicação e escrita seria bem-sucedida em qualquer área.

A expressão "japoneses são todos iguais" sempre me incomodou. Ser diferente era algo desafiador para mim. Nunca quis ser igual aos outros, acreditava que poderia fazer algo mais, só não sabia o quê nem como. Como a incerteza pairava em minha mente, ajoelhava ao lado da cama e pedia para Deus, olhando as estrelas, para escolher algo para mim, um curso no qual eu poderia fazer diferença.

Acabei prestando vestibular para Enfermagem, por causa da minha mãe; para Jornalismo, Publicidade e Fisioterapia, por vontade própria; e para Odontologia, por influência de uma tia dentista, mas também pelo curso ser ofertado por uma instituição pública, a Universidade Estadual do Oeste do Paraná. Fui aprovada para Enfermagem e Odontologia. Não queria Enfermagem nem prestar vestibular novamente. Logo, Odontologia começou a fazer mais sentido. Por outro lado, era a única da turma de amigos que não queria sair de casa. A faculdade ficava em Cascavel, no Paraná, a cerca de 1.600 km de Goiânia. Como a universidade era pública e havia familiares morando em Cascavel e Londrina, mamãe deu um jeitinho de me convencer.

Durante a faculdade, as coisas melhoraram financeiramente porque papai resolveu empreender novamente e, desta vez, com êxito. Pessoalmente, foram anos muito difíceis. Engordei seis quilos no primeiro ano de faculdade. Fazia muito frio nos invernos e as pessoas também eram frias. Odiei os dois primeiros anos, depois arrumei um namorado na monitoria de Anatomia. Ele cursava Medicina e ajudou nas minhas dificuldades de adaptação. Conheci o adventismo por meio dele e ficamos noivos.

Mariana Kyosen Nakatani

Era muito falante e ativa nas reuniões de colegiado. Uma das professoras dizia que eu não era descendente de japoneses, que devia ser descendente de italianos, pois já entrava falando e gesticulando. Na primeira aula clínica, com atendimento a pacientes, me apaixonei. Sempre gostei de gente, adorava pensar que poderia melhorar a vida de alguém.

Quando me formei, papai e mamãe montaram meu primeiro consultório, em Cascavel, pois o plano era eu ficar por lá perto da tia dentista. Porém, o primeiro ano de formada foi um dos piores da minha vida. Saí da faculdade com vários planos e eles não se realizaram como eu imaginava. Para fugir de meus pensamentos, comecei a pintar madeira e fazer *decoupage*. Algum tempo depois, fui trabalhar em uma clínica popular. Atendia 40 pacientes em um dia, ganhava muito pouco, mas esses atendimentos começaram a dar sentido para minha vida novamente. Atendia na filial de Toledo, a 46 km de Cascavel, duas vezes por semana. Viajava de ônibus, algumas vezes com temperaturas abaixo de zero, para ganhar apenas o dinheiro do transporte. Seis meses depois, comecei uma especialização em Endodontia em Londrina.

Já estava com o casamento organizado, planejava me mudar para Curitiba com o futuro marido, e vim passar meu aniversário em Goiânia. Na madrugada daquela noite, papai enfartou. Com uma angioplastia de urgência, ele ficou bem, mas resolvi voltar para Goiânia para ficar um tempo em "casa", antes de me casar. Cheguei em março de 2009 e o casamento seria em dezembro. Como iria embora em breve, papai falou que eu não precisava trabalhar. De qualquer forma, mamãe fez alguns contatos e, uma semana depois, eu já estava trabalhando.

Comecei a trabalhar em seis lugares, carregava uma mala de materiais para fazer os canais dos pacientes. Às vezes, atendia em três consultórios diferentes no mesmo dia. Quanto mais ficava nessa rotina, menos queria ir embora. Um mês depois, acabei desistindo do casamento. Decidi continuar em Goiânia e cinco meses depois conheci aquele que realmente viria a se tornar meu marido.

Um dos locais que mais gostava de atender ficava em Americano do Brasil, a 130 km de Goiânia. Fazia esse trajeto todo sábado. Quando passei em um concurso para trabalhar no Sesc, papai me fez desistir das viagens, pois ia sozinha e a estrada era perigosa.

Nessa nova jornada, aproximei-me da equipe de Endodontia da Universidade Federal de Goiás e prestei prova para professora substituta. Não passei, mas fui convidada para acompanhar as clínicas e acabei fazendo um mestrado.

Nessas experiências, uma coisa começou a me incomodar: eu fazia os canais, mas às vezes não havia conclusão dos casos, alguns se prolongavam indefinidamente nas demais etapas dos tratamentos. Também não havia um gerenciamento dos atendimentos no sentido de verificar se os objetivos foram atingidos e se os pacientes ficaram satisfeitos. Como tenho facilidade em fazer amizade com os pacientes, percebi que a falta de finalização do tratamento era uma queixa da maioria deles, independentemente da clínica.

Nunca havia pensado em montar uma clínica. Folheando um jornal, vi o anúncio de uma perto do local onde meus pais moravam, no bairro onde fui criada. Resolvi olhar. O ponto tinha dez anos, boa reputação e a dentista queria vender para ir morar em São Paulo. Vendi um carro, mamãe ajudou com uma parte e comprei a minha primeira clínica, com duas cadeiras. A inauguração foi em 17 de maio de 2013.

Resolvi montar uma clínica diferente de todas pelas quais havia passado. Atendimento integral, especialista, humanizado, com qualidade e facilidade de pagamento. Montei um sistema em que todos os pacientes teriam o primeiro e o último contato comigo.

Essa é minha rotina até hoje. Faço o planejamento e sugiro três opções de tratamentos para o paciente pensar qual é mais adequado à sua condição financeira. As reações têm sido muito positivas. Um episódio marcou muito aquela época e reforçou meu propósito de melhorar vidas por meio de sorrisos: uma paciente, muito humilde, após começar a fazer o tratamento e recuperar sua autoestima,

Mariana Kyosen Nakatani

conseguiu se separar do companheiro que a agredia fisicamente e molestava suas filhas.

Três anos depois, em 14 de março de 2016, mudamos para um local muito maior, com seis cadeiras odontológicas, Pilates, *studio personal*, lanchonete e 20 colaboradores.

Encontrar pessoas com os mesmos fundamentos e dedicação ao trabalho tem sido um dos maiores desafios. Vi como saída um desafio algumas vezes difícil, mas, na maioria das vezes, recompensador: treinar jovens da igreja, com princípios e valores cristãos. Nós os capacitamos para os trabalhos auxiliares oferecendo cursos para desenvolverem as habilidades técnicas necessárias para o serviço (auxiliar de saúde bucal, técnico em prótese dentária etc.). Alguns cargos tidos como "femininos" são ocupados por homens e vice-versa. Os resultados foram muito positivos. Percebi que os homens equilibram o ambiente, pois são mais focados e não se envolvem muito em assuntos pessoais.

Assim, temos visto vidas e famílias sendo transformadas. Um dos garotos passou de servente de pedreiro para auxiliar de consultório dentário. Quando entrou na empresa estava com 16 anos e mal conseguia se comunicar. Atualmente, ele é reconhecido por seus colegas e foi eleito duas vezes funcionário destaque pela equipe.

Exigimos que todos em nossa equipe sigam a mesma linha de pensamento, centrado no paciente, procurando atender pessoas e não procedimentos. Como temos um grande fluxo de pessoas, acabamos tendo que ajudar em diversos aspectos, inclusive psicológicos. Em um momento de desabafo, falei para meu braço direito que tínhamos um manicômio, mas ela disse "não, doutora, temos um hospital de almas!" Isso é o que temos visto, pessoas sem perspectiva, desiludidas, voltando a sorrir, arrumando namorados, casamentos, empregos. Isso dá ânimo para prosseguir, afinal, o nome da empresa é Odonto Seed (*seed* significa semente em Inglês) e nosso lema é semear sorrisos, creio que esse é o meu propósito na vida.

O crescimento estrutural foi muito rápido e a formação dos

profissionais de saúde não inclui conhecimento de administração. Em casa, também não tive fundamentos muito fortes a respeito de dinheiro, então, os meus dias têm sido permeados por desafios imensos, como aprender a conciliar razão e emoção, vida pessoal e profissional, pessoa física e jurídica. Tenho procurado estudar cada vez mais sobre administração. Fiz dois cursos que mudaram minha forma de ver o negócio. No primeiro, chamado Desafio Empreendedor, fui acompanhada de perto durante sete meses por uma profissional preparada para ajudar a entender os números, melhorar o faturamento e diminuir despesas. Eram sete empresas de segmentos diferentes que deveriam se reinventar em sete meses. Acabei ganhando esse desafio! No segundo, chamado Fator X, o foco é melhorar com diferenciação, procurando encontrar e reforçar aquilo que temos de único e de melhor. O resultado foi um aumento de 102% no faturamento, em um ano.

Com esses estudos, apoio familiar e muita fé, percebi que tenho chamado a atenção do mercado. Recebi um prêmio do Latin American Quality Institute, fui reconhecida como empresária do ano pelo programa Goiás de Norte a Sul e, agora, estou contando minha história em um livro!

Empreender em um país com tantos impostos e dificuldades pode parecer loucura, mas o mundo é transformado por loucos. Conformados não procuram fazer coisas diferentes. Há dias em que me questiono sobre o tamanho da estrutura. É muito trabalho e, em alguns dias, exaustivo e solitário. Mas sei que o trabalho só está começando e ainda há muito a ser feito. Nesses momentos de reflexão, procuro lembrar-me de uma passagem bíblica (Mateus 6:31-33): "Portanto, não vos inquieteis, dizendo: Que comeremos? Que beberemos? Ou: Com que nos vestiremos? Porque os gentios é que procuram todas estas coisas; pois vosso Pai celeste sabe que necessitais de todas elas; buscai, pois, em primeiro lugar, o seu reino e a sua justiça, e todas estas coisas vos serão acrescentadas".

Mariana Kyosen Nakatani

Pollyana Oliveira Guimarães

O segredo da minha Marca Pessoal

20

Pollyana Oliveira Guimarães

Psicóloga, palestrante e estrategista em desenvolvimento de marcas pessoais, com foco em carreira e desenvolvimento de lideranças. Teve sua trajetória profissional desenvolvida em empresas nacionais e multinacionais nos segmentos de Serviços, Transporte e Varejo. Como executiva de RH, participou diretamente de 12 prêmios de melhores empresas para se trabalhar em nível nacional e acumula quase 20 anos de experiência em Gestão e Mentoria de pessoas. Hoje está à frente da empresa Prospere Carreira, apoiando pessoas a potencializar suas marcas pessoais, através das metodologias inovadoras no país, Leader Brand e My Brand, e já atuou no desenvolvimento de mais de 900 líderes. Tem vários artigos publicados em sites brasileiros e europeus. É diretora da ABRH/GO e tem participação no Grupo Mulheres do Brasil.

Contatos:

E-mail: pollyana@prosperecarreira.com.br

Site: www.prosperecarreira.com.br

Redes sociais: Instagram: prospere_carreira_pollyana

LinkedIn: www.linkedin.com/in/pollyana-oliveira-guimarães

Já parou para pensar sobre o que diferencia uma pessoa comum de uma pessoa extraordinária? Sem dúvida essa resposta passa por uma marca de sucesso, que consiste no trabalho primoroso focado no autoconhecimento e, também, no desenvolvimento pessoal. Poucas pessoas dão a atenção devida às suas próprias marcas pessoais, o que pode ocasionar uma das situações mais temidas na atualidade: a dificuldade de se destacar no mercado de trabalho.

Sendo assim, nada mais urgente do que entender a importância de desenvolver uma marca pessoal de sucesso a fim de superar todos os desafios presentes na contemporaneidade, especialmente em se tratando de empregabilidade e realização de sonhos. Para começar, vale a pergunta: "Será que eu tenho uma marca pessoal de sucesso?" e, a partir dela, desenvolver estratégias para alcançar os objetivos propostos.

Para começar a falar a respeito do segredo da minha Marca Pessoal, inicio com uma frase famosa que escutamos desde crianças mas, muitas vezes, não sabemos dar o devido valor a ela: "Para quem não sabe aonde vai, qualquer lugar serve" – a frase foi proferida pelo gato, em Alice no País das Maravilhas, de Lewis Carrol.

Você sabe para onde vai? É aqui que começo efetivamente a lhe contar mais sobre minha trajetória.

Nasci em uma família muito pobre, em Jataí, cidade do interior de Goiás. Fui criada por duas mulheres muito inspiradoras – fortes, justas, honestas e que sempre prezaram pelo bem e pela força do trabalho: minha avó e minha mãe. Os brinquedos eram escassos em casa, mas nunca me faltaram comida e amor. Mais tarde, minha mãe se casou e tive a oportunidade de vivenciar uma família maravilhosa e completa com pai, mãe e dois irmãos.

Desde cedo queria muito estudar, mas só entrei para a escola aos sete anos de idade. E foi um período muito sacrificado. A escola ficava distante de casa e as suas condições eram bastante precárias. Não havia carteiras, apenas colchões no chão. Lembro-me que precisava me apoiar nos cotovelos para poder escrever. Nasceu ali, talvez, meu forte desejo de sair daquela situação. Tinha a meu favor muita determinação e o gosto pelo conhecimento.

Cursei todo o fundamental em escolas públicas da região. No ensino médio, consegui uma bolsa de 100% de cobertura em uma instituição privada.

O meu sonho era ser psicóloga, inspirada pelo sentimento de minha mãe e de minha avó de sempre fazer o melhor que pudesse pelos outros. Queria ajudar pessoas renegadas pelas famílias, excluídas do meio social, pessoas que traziam dores profundas na alma e precisavam de apoio, de uma palavra amiga, orientação e, principalmente, de um olhar de não julgamento.

Terminado o ensino médio, prestei vestibular para a Faculdade de Psicologia da Pontifícia Universidade Católica de Goiás, a mais prestigiada do Estado na época. Passei em 3º lugar – fui até homenageada pelos professores. Senti-me vitoriosa e com profunda sensação de dever cumprido.

Daí em diante nunca parei de estudar, formal ou informalmente. Fiz pós-graduação, vários cursos de formação, sendo alguns na Europa. Sou muito curiosa e estou sempre atenta a tudo o que possa agregar conhecimento. Leio diariamente artigos e livros relacionados à minha área profissional e a outras do meu interesse pessoal.

Além de gostar de estudar, outra característica que revelei desde cedo foi a de ter facilidade para vendas. Desde nova, e adolescente ainda, quando em casa alguém precisava vender algo era eu que vendia. Às vezes, até o que não podia, por exemplo, minhas roupas e sapatos.

Queria muito ter melhor condição financeira e sabia que não poderia esperar nada dos familiares. Precisaria ir atrás. E, aos 17 anos, ainda cursando o ensino médio, achei que teria possibilidade de conseguir algum dinheiro trabalhando um período do dia na área comercial, usando minha habilidade para vender. Logo consegui vaga em uma loja do shopping center local.

Comecei anotando o movimento de vendas do dia. Dois meses depois, tomei a iniciativa de solicitar uma oportunidade como vendedora. E deu certo. Não demorou muito, me tornei a melhor vendedora e o proprietário me acenou com uma promoção a gerente. Mas não aceitei.

Comecei a estagiar no terceiro semestre da faculdade, sem receber remuneração. Queria saber mais do que as aulas ensinavam, vivenciar a realidade e a prática.

Consegui colocação em um hospital psiquiátrico. Mas me decepcionei. As condições da clínica e de tratamento eram muito precárias, beirando o desumano, e não havia como eu contribuir muito, era apenas apoio, apenas parte daquele cenário.

O mesmo ocorreu quando mais tarde trabalhei em outro hospital por dois anos, com doentes terminais de câncer e de Aids. Percebi que, naquela área, não iria conseguir ajudar os outros da forma que esperava, me sentia uma auxiliar do *status quo*.

Foi um período difícil também porque minha primeira filha nasceu e tive que buscar o equilíbrio entre a carreira e ser mãe.

Essas minhas primeiras experiências sinalizam muito bem o que acontece com o início de muitas carreiras. O jovem sai em busca de um ideal de profissão, se vê em um determinado cenário e, de repente, se depara com a realidade.

Isso ocorre porque, quando a gente está focada em um sonho,

Pollyana Oliveira Guimarães

demora para perceber que o mais importante não é o cenário aonde vai atuar, é fazer o trabalho que deseja, estar ligado ao seu propósito e metas de vida.

A primeira vez que constatei o quanto isso é verdadeiro foi ao ingressar no RH de uma grande indústria de bebidas com presença internacional.

Eu havia mudado para Brasília devido ao emprego do meu marido. Brasília, como capital do país, possuía uma vida muito diferente da que eu estava acostumada. Mais sofisticada, com muitas pessoas de outros estados, de outros países. Mas isso não me intimidou.

Entrei como estagiária em uma indústria de bebidas e pouco tempo depois fui contratada como analista em Recrutamento e Seleção, dando início à minha carreira em Recursos Humanos. Foi um grande aprendizado.

Após dois anos, meu marido perdeu o emprego, não conseguiu outra colocação e ficou difícil nos mantermos com o meu salário. Voltamos para Goiânia.

Foi quando tive a primeira experiência como empreendedora. Entrei como sócia em uma clínica de avaliação psicológica. Essa iniciativa me possibilitou o relacionamento com muitas pessoas.

Relacionamentos são muito importantes na carreira. Por meio deles, adquiri mais conhecimento sobre a área e descobri o quanto a Psicologia naquele setor era ampla e desafiadora. Sem me dar conta, estava construindo meu *networking*, condição fundamental para quem deseja desenvolver a sua marca.

Passei a viajar muito e fazer diversos cursos. Foi um período de grande aprendizado. Fiquei interessada a ponto de fazer pós-graduação em Perícia Psicológica, sem imaginar o quanto me seria útil mais adiante.

Mas, embora minha clínica estivesse indo bem, precisei complementar a renda. E acabei voltando para Recursos Humanos. Consegui uma vaga em posição de liderança em uma empresa de Logística.

A empresa fazia distribuição de produtos para todo o país. Havia clientes de marcas importantes no mercado nacional e internacional. A responsabilidade era enorme em um setor desconhecido para mim.

Como sempre fui muito corajosa, não tive medo. Para mim, enfrentar o novo representa um desafio à minha determinação. Esta característica me ajudou muito e, acredito, pode ajudar todos os profissionais que de repente se vejam diante de cenários desafiadores como os que encontrei.

Outra lição aprendida nesta fase é que não importa onde você trabalhe, sempre se pode trabalhar melhor, criar novas condições, aperfeiçoar, mudar, ajudar os outros a crescerem.

O meu mundo passou a ser entre carretas, *trucks*, caminhões e... carreteiros! Foi o período em que a formação em Psicologia e o fato de sempre ter gostado de lidar com o ser humano me ajudaram demais.

Enfrentei desafios enormes e precisei aprender muito, inclusive com colegas. Ao mesmo tempo, nunca me senti tão útil e capaz de realmente contribuir com a vida e o trabalho das pessoas. Neste sentido foi muito realizador.

Em menos de um ano, fui promovida e passei a enfrentar um novo desafio. Precisaria de muita criatividade para vencê-lo. As dificuldades eram enormes. E acabaram por me inspirar a desenvolver um trabalho inovador.

Para se ter uma ideia, cheguei a ser ameaçada de morte. Sabia, porém, que se não enfrentasse situações difíceis não ficaria na empresa. Foi preciso muita resiliência – uma capacidade que jamais me faltou.

Sempre acho que tudo pode dar certo. Até brinco que sou a "Síndrome de Poliana" em pessoa.

O cenário que encontrei entre os carreteiros despertou em mim, mais do que tudo, a necessidade e o desejo de desenvolver pessoas, tanto para melhorar a si próprias como para trazer melhores resultados para a empresa – afinal, uma coisa depende totalmente da outra.

Pollyana Oliveira Guimarães

Havia uma importante questão técnica no processo: os caminhões já eram computadorizados e os motoristas que trabalhavam com os veículos eram semianalfabetos.

Foi quando nasceu a ideia de lançar no Brasil, em parceria com o Sest Senat (Serviço Social do Transporte e Serviço Nacional de Aprendizagem do Transporte), a primeira turma de Formação de Carreteiros para o Sistema S, uma das nove categorias profissionais. Fui àquela instituição e apresentei um projeto de treinamento remunerado que foi totalmente aprovado.

Senti uma identificação com a área de RH como nenhuma outra. Estava feliz e realizada. Mas, coisas da vida, três anos mais tarde, tive um filho que nasceu com problema cardíaco e decidi me dedicar única e totalmente a ele, o que fiz durante seis meses – é o tipo de decisão que mais aparece nas carreiras femininas.

Com a minha saída do trabalho, porém, a situação financeira em casa foi ficando difícil e precisei voltar ao mercado. Mesmo tendo experiência como gerente, só consegui colocação como encarregada.

Era uma empresa de varejo que logo me informou estar passando por muitas dificuldades financeiras – tinha pertencido até então a um grande grupo que lançou no Brasil o conceito de *home center*, mas acabara de desfazer o negócio.

Um novo grupo acabava de assumir o controle e antes de me contratar o diretor perguntou: "A única coisa que preciso saber é se você consegue trabalhar sem dinheiro". Respondi: "Claro que sim".

Eu precisava do emprego, mas gostava de desafios. Este seria mais um. Comecei com apenas dois estagiários para me ajudar. Permaneci nessa empresa 11 anos. Recebemos 12 vezes o prêmio de Melhor Empresa para se Trabalhar em todos os estados onde possuíamos lojas, e também em nível Brasil.

Foram muitos anos de premiações e de consideração por parte da companhia, que sempre me valorizou muito. Se o CEO me pedia para fazer algo e eu dizia não e o porquê não deveria ser feito, ele deixava a decisão para mim.

Devo isso também ao fato de sempre ter sido assertiva. Evidentemente tive minhas falhas, mas nunca deixei de demonstrar meu comprometimento com o dinheiro dos outros e com as pessoas.

A minha veia empreendedora falou mais alto e, em 2016, decidi abrir mão de uma carreira de executiva para me dedicar a minha consultoria. Prospere Carreira, que tem como missão desenvolver marcas pessoais com foco em carreira e desenvolvimento de líderes. Busquei toda a minha *expertise* de 20 anos de carreira em Gestão de Pessoas, e desenvolvi um método próprio de trabalho com base na metodologia do Personal Branding. Como eu já vinha desenvolvendo minha marca pessoal e construindo ótimos relacionamentos profissionais, não foi difícil encontrar os primeiros clientes. Em apenas um ano de consultoria, tive a oportunidade de desenvolver quase 900 profissionais e ter em meu portfólio marcas corporativas de grande renome nacional e internacional.

Sempre atuei em ambientes quase que exclusivamente masculinos, e não havia percebido nenhum tipo de preconceito por ser mulher, mas essa percepção caiu por terra quando, já na minha empresa, fui conhecer um novo cliente e ao chegar à sala de reuniões o dono da empresa já foi logo dizendo: "Você só está aqui porque foi muito bem recomendada, pois eu não contrato mulheres".

Logo após ouvir isso, um filme passou em minha cabeça e percebi que não senti isso antes, por estar sempre em posição de liderança nas empresas em que eu havia trabalhado. Agora em uma posição de prestadora de serviços, o poder está nas mãos do contratante. Como faço parte do Grupo Mulheres do Brasil, liderado por Luiza Trajano, me veio na hora a imagem dela e uma força no meu coração, que me motivou a aceitar o desafio e provar que mesmo sendo mulher o gênero não me definia como sendo incapaz. Aceitei o desafio e consegui mostrar com meu trabalho que mulher pode ser tão ou mais capaz que os homens! Foi uma quebra de paradigmas.

Escrevi recentemente para um site europeu a respeito de mulheres na liderança e ressaltei que grande parte do caminho que deve ser traçado para garantir às mulheres mais oportunidades na liderança da organização passa pelo encorajamento e por respeito à diversidade. Ter uma equipe que acolhe a diversidade de gêneros, opiniões e formas de liderar é fundamental para ter mais mulheres nos altos cargos de liderança. Para tanto, é preciso desfazer uma série de mitos que ainda são parte do meio corporativo, especialmente em se tratando das formas de liderar das mulheres.

É muito comum ainda as mulheres em cargos de liderança estarem em papéis de apoio à diretoria e não como CEOs propriamente ditas. Portanto, elas acabam assumindo cargos em diretorias adjuntas, mas não menos importantes, como Recursos Humanos, Jurídico e Comunicação. No entanto, em relação ao ano passado, houve um crescimento em âmbito mundial de 3% de mulheres como gestoras seniores – o que pode ser altamente promissor, mas ainda se configura como um movimento discreto perante o ideal.

Em pesquisa realizada pelo Harvard Business Review, constatou-se que empresas que possuem mulheres entre seus diretores são mais bem-sucedidas do que aquelas que não as têm. A diversidade de gênero está diretamente ligada a lucros maiores e aumento de desempenho. Por isso é preciso valorizar e entender esse movimento que o mercado está realizando.

Há uma frase que sempre digo: **Mulheres não precisam de orientação. Precisam de patrocínio.**

Um erro comum ao garantir posições de destaque nas lideranças para as mulheres é acreditar que elas precisam de orientação, quando na verdade elas precisam de patrocínio. De ter mais voz nas decisões, de participarem ativamente dos processos decisivos das companhias e poderem contribuir com suas visões, especialmente no que tange ao risco. As mulheres, por exemplo, não são "avessas" ao risco, são apenas mais cautelosas, pois avaliam muito o cenário antes de tomarem decisões. O que não significa que elas não sejam assertivas mas são, sim, mais meticulosas. Tenho como base de formação duas mulheres muito fortes e que souberam se desvencilhar das dificuldades que a pobreza impunha e conquistaram seu lugar ao sol. Trago toda essa inspiração para o meu dia a dia, com o intuito de influenciar as mulheres que trabalham comigo e principalmente minha filha, que está começando sua carreira profissional agora.

Em casa, tenho o apoio incondicional do meu esposo, que me garante toda a tranquilidade doméstica, dividindo todas as tarefas e responsabilidades para que eu foque no meu lado profissional. Nosso filho de 13 anos já tem a visão de que lugar de mulher é onde ela quer estar e que precisa ser respeitada nas suas escolhas.

Toda essa minha trajetória de carreira e vida pessoal – que não foi nada fácil – me garantiram uma notoriedade e visibilidade na mídia e a participação em grandes congressos nacionais, onde tive a oportunidade de divulgar o meu trabalho. Hoje atendo grandes executivos de empresas, profissionais liberais como: médicos, dentistas, advogados, contadores etc., que assim como eu buscam cada vez mais melhorar sua performance e, consequentemente, potencializar suas carreiras.

Desenvolver pessoas é uma arte, uma dádiva e uma missão de vida. Todos os dias entro em contato com anseios, arrependimentos, frustrações, desejos, talentos, alegrias, satisfações e vários outros sentimentos dos meus clientes e tenho a grata missão de ajudá-los a conseguir o tão esperado equilíbrio, o tão esperado sucesso. Chegar ao final do dia e fazer uma retrospectiva de tudo que aconteceu – faço isso todos os dias – e saber que pude ajudar a facilitar uma mínima mudança na vida de alguém é o êxtase, e sempre tive muitos. Missão é missão!

Por que escrevi este capítulo? Para motivar você a não deixar que outras pessoas façam escolhas por você, para o(a) motivar a seguir os seus instintos e principalmente para que você confie e acredite em você mesmo(a), pois só assim se sentirá realizado(a) como pessoa e profissional.

Pollyana Oliveira Guimarães

E, para quem ainda se pergunta a respeito do segredo da minha marca pessoal, a resposta é simples: resiliência, foco, determinação e muita fé. Todos esses atributos me garantiram uma marca forte e respeitada no mercado e o meu maior desafio é não desapontar aqueles que acreditam em meu potencial.

Quando falo de marca pessoal, refiro-me aos seus diferenciais como pessoa e como torná-los competitivos para se tornar um destaque na multidão. E quero terminar lhe perguntando:

"O que você tem para mostrar para o mundo? Qual é a sua Marca Pessoal?"

21

Rosangela Cardoso Oliveira

A criação através do pensamento e sentimento

Rosangela Cardoso Oliveira

Empresária, apaixonada por resgatar o romantismo na vida das pessoas, é sócia-fundadora do Zen Adega Bar e Restaurante em Goiânia. Atua há mais de 20 anos no segmento, onde também teve outras experiências. Inclui em seu portfólio a organização e decoração de casamentos, além da criação de eventos. Entre suas especialidades está o trabalho com vendas e atendimento ao cliente. A reciclagem, assim como a produção de artesanato, é seu *hobby*.

Contatos:
Email: zen.adm01@gmail.com
Instagram: @zenadegaerestaurante

"Os segredos ocultos de sua mente é que criaram a realidade que você está vivendo hoje." Elainne Ourives

Ele já existia em minha mente e em meu coração, eu já tinha ideia de um lugar que se tornaria referência em resgatar o romantismo e a leveza dos mais apaixonados e daqueles que buscavam um toque mágico para formalizar suas relações com todo encanto e bem próximo à natureza.

Lembro-me do dia em que abri o portão e vi aquela casa de madeira rústica, senti que ali se materializaria aquele sonho e logo pensei e tive a certeza: o Zen será aqui. O bairro conspirava a favor, mesmo que eu ainda não compreendesse todo o contexto, porque ali naquele momento era somente um lugar para morar com minha família e reiniciar minha vida, mas algo maior dizia que assim seria toda minha história e os personagens que dela participaram foram contribuindo de forma a consolidar a cocriação de nossa adega e restaurante de hoje. Uma amiga disse que cocriei em outra dimensão e depois foi fácil acessar do lado de cá. Sim! É uma maneira de falar, mas é nisso que acredito. Quando eu dormia, eu já sonhava com uma história paralela à vida real, algo que talvez eu já tivesse vivido em outra vida e que ali eu seria mais uma vez usada pelas mãos do Criador a intuir para a materialização de um lugar que veio com um único objetivo: resgatar o romantismo, a sensação; como se ele já tivesse sido traçado, pré-determinado a acontecer em minha vida.

Assim, concluo que recebo muita ajuda e inspiração dos meus mentores espirituais, mestres, anjos da guarda; cada indivíduo utiliza os nomes que queira dar a estes seres, mas acredito em algo maior que nos coloca no caminho do que é para ser nosso por algum motivo, de alguma forma, para algum propósito.

Nasci no interior de Goiás, em São Miguel do Araguaia. Morei em Hidrolândia, vim de uma família simples, mas muito unida. Tive uma infância como a de toda menina das pequenas cidades: adorava andar de bicicleta, em resumo, era bem moleca. Sou muito grata aos meus pais pelo que me tornei, pois toda a simplicidade e dificuldade fizeram com que eu fosse em busca do que conquistei hoje.

Fui para a capital do Estado entre 15 e 16 anos de idade. Ali começava toda a minha jornada profissional. Trabalhei como recepcionista, depois no show-room de uma renomada marca, chegando à gerência de uma loja do mesmo grupo, o que me preparou para uma grande largada rumo ao meu sonho e meu negócio. Outro trabalho que tenho honra em falar foi na função de operadora de telemarketing em uma empresa de cartões de crédito, onde adquiri muita experiência, e isso me deu as habilidades necessárias para saber ligar, convidar, pedir indicações a amigos e ligar mais e mais, convidando os clientes pessoalmente a conhecer o nosso restaurante.

Imagine o quanto tive que me esforçar por diversas vezes por causa da falta de recursos financeiros e tecnológicos, mais especificamente as redes sociais. Foram tantas dificuldades com a falta destes recursos que tive de utilizar o telemarketing por um ano fortemente, o que contribuiu positivamente para que eu fosse conseguindo atrair clientes e, é claro, grandes amigos também foram peças importantíssimas para essa materialização. Os quatro primeiros anos foram sem garçons, e tivemos que fazer o atendimento, o que de certa forma auxiliou a fidelizar clientes, que se tornaram nossos amigos e acabamos participando de suas vidas.

Em 2004, fomos indicados pela *Revista Veja* e recebemos o Prêmio Melhor Para Ir a Dois. A indicação já tinha sido uma vitória, pois não esperávamos por aquele prêmio e foi com muita honra e emoção que participamos de uma linda festa. Sentimos como se estivéssemos na entrega do Oscar e, para nós, com certeza era um grande momento. Com isso, as portas se abriram a outras premiações, como o Prêmio Megha Profissionais, Quatro Rodas, todos guardados com muito carinho.

A mente criativa não para e já estava no sangue a vontade de empreender e crescer, sempre buscando ajudar alguém que tivesse a mesma coragem e vontade de realizar. Com isso, surgiu outro cantinho, dentro do Clube Jaó: o Café Nativo, fruto de materialização com uma amiga, uma senhora a quem devo todo meu respeito. Lá permanecemos por cinco anos, ampliando e dando asas às minhas imaginações e intuições naquilo que eu poderia explorar, naquele belo lugar, o qual também é contemplado pela natureza. Tivemos os famosos pedalinhos, caiaques, bicicletas, tirolesa e assim outro Zen foi formado lá dentro, que também foi porta-voz de uma divulgação em massa, onde pude ficar ainda mais em contato com o público, promovendo o meu trabalho dentro e fora dali. Também montei uma loja de decoração e artes com uma amiga no setor Jaó e muito depois uma casa de festas – a Three Lounge – da qual muitas pessoas sentem saudades e elogiam o trabalho realizado.

Vejo tudo isso como peças importantes neste quebra-cabeças. Muitas vezes, não entendemos o contexto em que estamos sendo colocados, entretanto, cabe a nós confiar e entregar ao universo, a Deus todo nosso caminho e aguardar agradecendo pacientemente. E assim foi... O Zen foi crescendo a partir dessas pequenas ações realizadas com muita energia e fé. Gosto de ressaltar que começamos a empreender sem recursos, como já contado anteriormente, em minha casa, com um fogão de quatro bocas, e tudo foi caminhando e dando certo à medida que eu desejava avançar e crescer.

Uma das questões que mais me alegra hoje é saber que o Zen proporciona a realização de casamentos e é raro o dia em que não temos um pedido de noivado, comemorações de datas especiais, reservas feitas com todos os cuidados e mimos e acabamos sugerindo algumas dicas para que o momento fique ainda mais especial. Temos vários registros e tantas histórias que ficaria horas escrevendo e precisaria de vários capítulos deste livro para relatar cada momento guardado em minha mente e em meu coração. Assim, todos os desafios que passamos juntos para o Zen se tornar o que é hoje são pequenos quando pensamos que contribuímos para a felicidade das pessoas e das famílias. Agora o desafio é ainda maior. É dar essa "cara", essa mesma energia do Zen para outros lugares e proporcionar as mesmas sensações e momentos especiais a todos, já que hoje, com 20 anos de existência, nos tornamos conhecidos aqui em Goiânia, e pretendemos nos tornar em outras capitais.

Digo que o Zen não é mais meu; eu ajudei a fundar e fui a idealizadora e hoje ele é "nosso". O objetivo e a filosofia são ajudar outras pessoas, seja com parcerias, seja com nossos colaboradores, nossa família, assim como você pode estar lendo este livro e sendo motivado(a) a partir do pouco que dividi aqui nesta escrita sincera. É a percepção de transformar o simples no belo e o impossível no possível. Antes de finalizar este relato, quero também erguer a bandeira da gratidão. Diversas pessoas foram e são importantes para o Zen chegar ao patamar de sucesso a que chegou atualmente: senhor Edmundo, Daniel, Adilson, meus filhos Matheus e Iuri e todos os meus familiares e amigos das antigas e os mais recentes, que estão sempre fazendo a diferença, dando apoio, motivação e força constantemente.

Foi necessário que todo um contexto um tanto não habitual fosse criado em minha vida para que o Zen se tornasse um empreendimento bem-sucedido. Uma questão que desejo trabalhar a partir de agora é cuidar de mim, que tanto me dediquei a este negócio, mas preciso também ter meu tempo. Então, aconselho você, leitor, a se permitir um tempo também durante todo o processo de construção de sua vida profissional. É no descanso que podemos sonhar mais, idealizar, permitir que as nossas mentes fluam e visitem outras dimensões. Por isso falo sobre sucessores, pessoas em que possamos confiar, parceiros de vida.

Eu desejo que a marca Zen se perpetue em outras capitais. Eu acredito que, para empreender, você precisa ter um caso de amor com seu negócio, ter sua essência e sua cara; é como um filho novo para cuidar sempre, algo que o motiva a andar de cabeça erguida, buscando a melhoria e a evolução constante.

Finalizando, deixo alguns pontos de reflexão: montar seu negócio mesmo com filhos pequenos também pode dar certo; começar sem recursos financeiros é possível e as habilidades que a vida lhe proporciona são as que você precisará durante sua caminhada. Perceba tudo isso nos detalhes da minha história. Foi exatamente o que lhe mostrei. Em se tratando do intangível, daquilo que não se vê ou não se pode pegar, quero lembrar-lhe que tudo já existe em outra dimensão, você só precisa ser capaz de acessar o que por muitas vezes já é seu. É através da junção do pensamento emitido pelo seu cérebro mais o sentimento vindo do profundo do seu ser que tudo isso se cria e acabará se tornando real em seu contexto, em sua vida.

Talvez a minha missão de vida fosse estreitar as relações entre as pessoas e disseminar o romantismo a minha volta. Sei que proporciono e vivo esta missão através do meu negócio. Assim, se conhecendo e buscando o porquê e para quê você se encontra justamente onde está, poderá obter o oxigênio que precisa para se levantar de sua cama todos os dias com a motivação necessária. Acredite em você também, eleve sua energia, viva Zen! ... porque a vida é feita de momentos especiais!

Rosangela Cardoso Oliveira

22

Sandra Méndez

Entrega de resultados com propósitos, inovação e simplicidade

Sandra Méndez

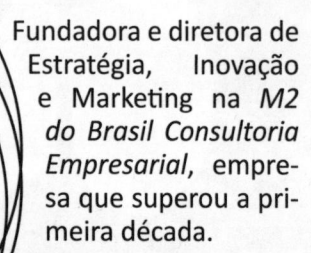

Fundadora e diretora de Estratégia, Inovação e Marketing na *M2 do Brasil Consultoria Empresarial*, empresa que superou a primeira década.

Por mais de 22 anos ocupou cargos gerenciais e diretivos em corporações privadas e públicas de diversos segmentos nas áreas de Propaganda, Marketing, Gestão e Planejamento. Ex-professora universitária. Escreve para blogs artigos sobre Empreendedorismo, Inovação, Marketing, Carreira e Negócios.

Dedicação voluntária a instituições com foco em Negócios, Empreendedorismo, Desenvolvimento Setorial e de Profissionais há 20 anos.

Atualmente é vice-presidente de Marketing do Goiânia Convention; diretora da Acieg, onde ocupa também a Presidência do Comitê de Eventos.

Uma das líderes do Grupo Mulheres do Brasil/Núcleo Goiânia. Embaixadora da Rede Mulher Empreendedora em Goiás.

Membro do Codese (Conselho de Desenvolvimento Econômico, Sustentável e Estratégico de Goiânia).

Experiências anteriores em entidades: presidente do Fórum Estadual de Turismo; presidente e vice-presidente da Abeoc/GO; diretora de Marketing da ABRH/GO; membro do Comitê Business Affairs da Câmara Americana.

Formada em Comunicação Social/Jornalismo pela UFG. MBA em Marketing pela UFRJ; pós-graduação em Administração: Planejamento Estratégico pela FGV Rio.

É co-criadora, pelo Mulheres do Brasil, junto com o Sebrae Goiás, de um projeto que a enche de orgulho pelo impacto transformador gerado na vida das empreendedoras participantes e seus negócios, lançado em 2018 e que no momento em que este livro entra no prelo já está lançada a segunda edição: "Programa Mulheres Empreendedoras".

Contatos: sandramendez@m2dobrasil.com.br

LinkedIn: www.linkedin.com/in/sandra-méndez/

Costumo dizer que estamos em constante transformação e construção. Em meio a tudo isso estão os nossos valores, crenças e propósitos. O ponto de partida não importa, mas, sim, aonde queremos chegar. A forma que trilhamos os nossos caminhos faz toda a diferença. Valorizo muito todas as oportunidades e experiências vividas, e as que ainda irei viver, que me permitem ser acima de tudo um ser humano melhor.

Tenho orgulho e muita clareza da minha construção. Houve momentos em que tive que superar dores, decepções e perdas. Mas também momentos de extrema alegria, conquistas e orgulho pessoal. Nas adversidades procuro enxergar qual lição preciso aprender com elas. E este aprendizado fortaleceu as minhas crenças e me gerou crescimento pessoal e profissional.

Os que me conhecem me descrevem como boa conselheira, uma pessoa com clareza de exposição de ideias, visão ampliada de cenários atuais e futuros. Com sensibilidade para a necessidade das pessoas e capacidade em extrair o melhor delas. Possuidora de percepção e aplicação clara voltada a resultados. Justa e comprometida. Com capacidade de enxergar o potencial das pessoas e talentos. Mas alguns também tiveram a coragem – e sou muito grata por isso – de me apontar pontos de melhorias que venho incorporando ao longo dos anos, através das experiências e maturidade. Tenho ainda aprendido a ser mais flexível e aberta às dificuldades dos outros e às minhas também.

O começo de tudo

Nasci em Ibaté, no interior de São Paulo. Morei em Brasília durante a infância e adolescência, e resido em Goiânia. Vir para cá foi uma decisão dos meus pais. Permanecer foi minha escolha. Tive oportunidades para ir para o Exterior e outros Estados, mas aqui nasceram as minhas filhas, Chrystal e Cléo, tive excelentes chances de crescimento profissional, conquistei amigos que se tornaram família e que têm um valor imenso em minha vida.

Sou filha de um espanhol e de uma paulistana. Deste matrimônio tenho dois irmãos e uma irmã. E, por parte de pai, ainda mais uma irmã e dois irmãos.

Meus pais faleceram muito novos, minha mãe aos 39 anos, quando eu tinha apenas 17, e meu pai aos 52 anos, vítima de um assalto no interior de São Paulo, onde estava a trabalho. São perdas irreparáveis, que eu não digo que superei, mas com as quais aprendi a conviver e enxergar com gratidão o tanto que me deram em vida e acredito que seguem me guiando.

Meu pai chegou ao Brasil aos 17 anos juntamente com a família inteira: meus *abuelos* (avós), minhas tias Remy e Dolores, e meu tio Anselmo. Meu avô tinha uma construtora na Espanha, e veio para se dedicar à construção de Brasília. E ainda as minhas também queridas tias avós paternas Ana, Lola e Heralda. Minhas tias tinham um ateliê de costura e eu adorava estar entre elas. Assim como meu avô, meu pai era empreendedor. Tinha uma empresa de montagens industriais e com muitas obras relevantes no Estado e pelo país, como a primeira usina sucroalcooleira em Goiás; as estruturas dos Estádios Serra Dourada e o Autódromo; muitas fábricas da Coca-Cola pelo Brasil afora, entre outros.

Minha mãe era o nosso esteio, nosso porto seguro. Amorosa, habilidosa, generosa, criativa, doce e cantava muito bem (talento que não herdei!). Ensinou-me a ler e escrever aos quatro anos. E meu pai, as operações básicas de Matemática. Também é a pessoa que mais me influenciou para a responsabilidade social. Não era apenas caridosa, mas transformava a vida das pessoas, de crianças a idosos.

Tive uma criação muito rígida, que valorizava a honestidade. Meu pai costumava dizer: "A sua palavra deve valer mais que uma assinatura" ou "não maltrate um garçom, pois não sabe de que lado da mesa estará amanhã"... Ao mesmo tempo, sei do orgulho que meus pais sentiam pela excelente aluna que eu era, que aprendia com facilidade, e pensava de forma até complexa quando ainda tinha pouca idade. Meu pai considerava que mulheres deveriam ter como foco a construção de uma família, e não uma profissão. Mas eu não levei isso muito a sério na vida prática.

Deles trago a referência de valores, virtudes, do trabalhar muito, independentemente de dia e horários. De contribuir com as pessoas.

Quando criança eu gostava de algumas coisas diferentes da maioria das outras: estudar, ler, escrever, montar quebra-cabeças, fazer palavras cruzadas, contar histórias, resolver problemas. Adorava ganhar livros, ler jornais. Não tenho o perfil de *nerd*, mas com certeza sou obstinada e competitiva comigo mesma. Já adulta, descobri que esse é um princípio da logosofia: superar a si mesmo. E ao longo da vida descobri que vamos desejando muitas coisas e o grande desafio é o do encontro com as nossas verdades e a busca pela felicidade, independentemente do significado que tenham para os outros.

Há uma frase atribuída ao poeta chileno Pablo Neruda de que gosto muito e transcreve bem isso, em tradução livre: "Algum dia, em qualquer parte há de se encontrar consigo mesmo e essa será a mais feliz ou a mais amarga de suas horas".

Minha formação profissional

Sempre estudei em escolas públicas, tanto em Brasília quanto Goiânia. Dava aulas de acompanhamento escolar a crianças quando tinha apenas 12 anos. Já fazendo Letras Modernas, faculdade na qual entrei aos 15 anos, fui estagiária e professora de pré-alfabetização.

Deixei de lecionar quando tive a oportunidade de ser assistente de produção em uma rádio, pois achava que me aproximava mais dos meus objetivos. Queria fazer Jornalismo. Mas a única experiência que tive dessa formação foi ser repórter esportiva na Televisão Brasil Central, por entender que estaria mais próxima de uma oportunidade nos telejornais. Trabalhei como produtora de vídeos, com o famoso Taquinho. Logo fui trabalhar com a criação de *spots* para as rádios Jornal e Antena 1, e logo depois comecei a escrever roteiros para VTs, para a extinta TV Goya.

Foi quando vi um anúncio que mudou a minha vida profissional em muitos aspectos: fui ser redatora publicitária na Organização Jaime Câmara, a referência em veículos de comunicação em Goiás. Participei de um concorrido processo seletivo. Lá trabalhei durante quatro anos, descobri o Marketing de forma concreta, profissional, e estudei muito para me desenvolver. Época em que não havia escolas de Publicidade em Goiás, mas tive a oportunidade de fazer alguns cursos fora. Cheguei a supervisora do Departamento de Propaganda & Criação da OJC, aos 23 anos.

Aos 24 anos me tornei mãe da Chrystal. No ano seguinte pedi demissão e fui ser diretora de Criação na Uniart. Novamente através de anúncios, entrei na Companhia Cervejaria Brahma (hoje Ambev), como analista de Pesquisa. A vaga inicial era para ser analista de Comunicação, mas fui barrada no final do processo, quando ficamos eu e outro rapaz, pelo gerente da área, que me disse claramente não desejar uma mulher em sua equipe. Saindo dali, fui para casa e escrevi uma carta (sim, escrevíamos cartas!) ao então diretor geral, no Rio de Janeiro, Magin Rodriguez, relatando-lhe a minha decepção com a companhia. Fui contratada para a Pesquisa, e tive a oportunidade de participar da criação do Núcleo de Pesquisa da Companhia, e durante quase um ano participei da formação no Rio de Janeiro, para onde me deslocava e ficava durante quatro dias de cada mês.

Realizei a primeira pesquisa censitária da grande Goiânia, coordenando à época uma equipe de mais de 80 pessoas, com pesquisadores *free lancers* e suporte na gestão da equipe, tabulação, elaboração de relatórios etc. Mas aí veio novamente outro anúncio, com o qual me identifiquei, e me candidatei à vaga de gerente de Marketing do Grupo Jorlan. Desejava voltar para a área. Lá tive um grande mestre em Gestão, Salvino Pires. Cheguei a acumular a área de Marketing e a de RH por um curto período.

De lá fui para a Gerência de Marketing do Shopping Bougainville, e cursava Jornalismo na UFG (Universidade Federal de Goiás). Grávida da minha segunda filha, Cléo, fui para a Central do Brasil, como diretora de Criação. Quando ela estava com um mês, vi outro anúncio, do Grupo Novo Mundo, aonde atuei como gerente de Marketing. Nesta empresa tive o privilégio de ser a primeira colaboradora na qual a empresa investiu para que cursasse a pós-graduação, em Marketing, após solicitar e expor os motivos pelos quais achava que a empresa deveria me patrocinar. Há poucos anos soube que essa minha atitude abriu a oportunidade para que outros colaboradores viessem a fazer pós e mesmo faculdades com patrocínio do Grupo. Faço um parêntese aqui para essa experiência profissional, que me ensinou muito – inclusive a exercer a liderança com simplicidade. A convivência com Carlos Luciano, hoje CEO do grupo, me apresentou uma liderança equilibrada, focada, de resultados, de metas. Foi um grande mentor e por quem tenho grande admiração profissional. Creio que da mesma forma que ele me contou sobre eu ter sido a "responsável" pelas oportunidades de estudos para outros colaboradores, quero aqui destacar a sua importância como mentor para a gestão empresarial, tema pelo qual passei a me interessar e estudar.

Através deste processo seletivo conheci a Eli Cleusa, fundadora da Apoio Consultoria, que se tornou a partir dali uma grande referência e também mentora, com seu estilo leve e divertido.

Após a Novo Mundo, durante dez anos fui diretora executiva do Centro de Convenções de Goiânia, onde entrei na passagem da gestão do governo para a iniciativa privada, a empresa Porto Belo, concessionária do empreendimento. O Centro de Convenções foi uma grande escola em gestão e uma maravilhosa oportunidade profissional. Entendo que foi um divisor na minha vida em vários aspectos: projeção profissional; *networking*; exposição nacional; consolidação de conhecimentos em gestão.

Nesta época eu já lecionava as disciplinas Planejamento Estratégico e de Marketing na Faculdade Cambury para a graduação e Endomarketing na pós-graduação, mas deixei esse trabalho no ano seguinte à entrada no Centro de Convenções por não ser mais possível conciliar com as viagens constantes a trabalho.

Ali tive a chance de reposicionar novamente a minha carreira, indo do Marketing para a gestão. A empresa fez uma grande aposta em mim, e sou imensamente grata por isso. Não tinha experiência em Centros de Convenções, e nesta época praticamente todos os grandes equipamentos nacionais eram administrados por governos. O desafio foi grande e extenuante. Havia uma grande rejeição do *trade*, que pensava que a concessão inviabilizaria os grandes eventos para Goiânia. Os primeiros anos foram muito desafiadores, não pelo trabalho em si, e sim por muitas dificuldades externas, mas compensadas pela oportunidade de conhecer praticamente todos os grandes espaços de eventos no Brasil; em representar a empresa no Brasil e exterior. Conheci muitos líderes setoriais e empresariais, atendia diretamente secretários, governador, prefeito, presidentes de entidades, empresários... Tive autonomia para implantar modelos de gestão, organograma, planejamento, metas etc. Nesta passagem tive dois mentores: Celso de Paula e Manoel Garcia, então sócios da Porto Belo e meus líderes, aos quais também agradeço por toda a contribuição.

Reconheci nessa época uma característica que sempre tive: de ser intraempreendedora. Sempre me dediquei de forma muito profunda às empresas para as quais trabalhei, e entendia como lícitos e merecidos os ganhos dos empreendedores. Mas também reconhecia a minha participação nos resultados.

A liberdade que tive no Centro de Convenções, em que muitos no mercado me consideravam uma das sócias, tamanha a liberdade de decisões e representação, despertou em mim uma grande vontade de empreender, ao mesmo tempo que concluía que meu ciclo havia se esgotado. Era a oportunidade de aplicar tudo aquilo que sempre pratiquei, mas agora de forma mais refinada e com prática efetiva em gestão aplicada. E eu não tinha dúvidas do que iria fazer: ter uma empresa de consultoria empresarial.

Mas eis que veio outro desafio: atuar na área pública. Fui diretora de Desenvolvimento Turístico no governo goiano, na Goiás Turismo. Deixei o legado da construção/entrega da Vila Cultural e a exposição interativa Goiânia 80 Anos. Também estive como secretária executiva do Conselho Deliberativo do Programa de Desenvolvimento Industrial de Goiás Fomentar/Produzir, na Secretaria de Desenvolvimento.

Após essas experiências entendi que meu perfil se encaixava na área privada, e fui me dedicar integralmente à minha empresa, que já era atuante no mercado.

M2 do Brasil Consultoria Empresarial

A crise econômica atual, iniciada em 2014, impactou em muitas mudanças nas empresas brasileiras, apesar de que muitas só tomaram consciência da realidade entre 2015-2016. O desemprego cresceu assustadoramente, deixando mais de 13 milhões de pessoas desempregadas, causando desaceleração no consumo e consequentemente influindo nos resultados das empresas.

Neste cenário, cresceu muito a demanda para as empresas de consultoria, pois os empresários perceberam a importância de reestruturarem seus negócios, e também posicioná-los de forma estratégica, com adaptações aos novos tempos, sendo necessárias novas práticas, ferramentas e inovação.

Atuamos nas áreas de Planejamento Empresarial e Planos de Negócios; novos conceitos, aplicações e metodologias para Marketing e Vendas; Estratégias Empresariais; Inovação, Inteligência Competitiva, Reposicionamento e Reestruturação com base na competitividade e resultados. Desde 2016 entramos fortemente no nicho de *"turnaround",* termo em Inglês utilizado em administração de empresas que aplica a gestão estratégica. Significa algo como "dar a volta". Lembro-me de ouvir um cliente, no início daquele ano, dizer: "Enquanto os ganhos vinham em uma crescente, não nos preocupamos em investir na qualificação dos colaboradores, em tecnologia e até mesmo em melhorar a nossa performance, e de forma muito rápida vimos o quanto estávamos vulneráveis e perdemos competitividade e, consequentemente, mercado". Com situações como essas afetando as empresas, crescemos nos últimos anos em torno de 40% em demandas e em 60% no faturamento.

A atuação como executiva de empresas me proporcionou um vasto *networking*, o que permite a captação de novos clientes, que também chegam por indicação dos que já atendemos. Temos clientes em nosso portfólio que estão conosco desde que abrimos a empresa. Também acredito que é um diferencial o foco que temos em resultados e a importância da gestão humanizada e atrativa para o capital humano. Não há como se falar em lucros, resultados, alta performance, inovação sem considerar o engajamento das equipes através do orgulho do que fazem, da responsabilidade sobre suas entregas e comprometimento.

Quando apresentamos uma proposta a um cliente, negociamos alguns pontos antes do início dos trabalhos que garantam o sucesso, como o comprometimento do CEO/líderes nas mudanças necessárias – e principalmente se estarão preparados para enfrentá-las. Também é fundamental que haja frequência dos envolvidos, o que exige disciplina e administração de suas agendas, para que possamos cumprir os prazos estipulados e não haja perda efetiva dos aprendizados, se houver demora em implantações.

Em paralelo, fazemos todas as amarrações necessárias para que os resultados venham de forma consistente e percebida.

Com isso, surgiu outra modalidade de trabalho muito procurada: as mentorias. Atendemos clientes que desejam se reinventar para que possam estar mais confiantes e se sentirem preparados para os desafios.

Cursos e palestras também vêm nos serviços ofertados ao mercado.

Assim como nossos clientes, também entendemos que precisamos estar constantemente em rota de aceleração, aprendizado e verificação dos resultados externos que influem em nossos resultados. Com isso, vêm surgindo outras formas de trazer efetividade, começando inclusive a oferecer metodologias e conhecimento de forma escalada.

Os meus aprendizados até aqui

- Não importa se você é mulher ou homem. Seja no mercado de trabalho ou como empreendedora é necessário ter posicionamento firme e convencimento.

- Vejo que as mulheres, apesar da qualidade das entregas e de serem maioria no mercado de trabalho e até nas empresas, esperam ser reconhecidas e com isso não "cavam" oportunidades.

- Ser mãe não é impeditivo para crescer profissionalmente. Considero que é inclusive fator de aceleração. É importante que haja essa consciência entre os empregadores, líderes e liderados.

- A diversidade é saudável e necessária para que as empresas possam ser competitivas.

- O dia a dia empresarial e profissional é sempre muito estressante. Por isso cada vez mais é necessário trazer a simplicidade para a vida e para as relações, sejam profissionais ou pessoais.

- Empreendedores e profissionais arrogantes não se sustentam. Ao contrário, cansam e desmotivam.

- A prova de fogo para um profissional ao deixar uma posição é como será recebido pelo mercado. A sua postura anterior vai dizer muito sobre isso.

Sandra Méndez

- Trabalhe muito, de forma intensa, com objetivos e foco. Mas tenha os cuidados necessários com os colaboradores, clientes, família, amigos e com você mesmo.
- Produzir é instigante e necessário. Mas se permitir ter lazer, desacelerar, contemplar o simples é fundamental.
- Mais produção e menos ostentação.
- Profissionais e empreendedores seguros permitem que sua equipe tenha reconhecimento por mérito, reconhecem que há áreas que não dominam e há outros com melhor capacidade de entrega e lhes dá os créditos de forma pública.
- Está fora de moda ser inacessível.
- Não se tem entrega de resultados além da média através de liderança medíocre.
- Investir em colaboradores é fundamental. Estabeleça as regras para isso.
- Deseje ser admirado e não temido.

E sigo aberta a novos desafios, aprendizados e oportunidades.

23

Vanessa Costa

De sacoleira a grande empresária

Vanessa Costa

Formada em Administração com habilitação em Gestão de Sistema de Informação pela Faculdade de Ciências e Educação de Rubiataba; analista de perfil comportamental; empreendedora e empresária na empresa Acqua Bronze desde 2009.

Contatos:

E-mail: administrativo@acquabronze.com.br

Instagram: @acquabronzeoficial

Não nasci em berço de ouro, mas fui criada e educada com muito amor. Os valores que recebi em família levarei e aplicarei sempre em minha vida e em nossa empresa. Na minha infância meus pais eram donos de empresas de papelaria e gráfica e não era fácil ver quanto trabalho eles tinham, observar diariamente aquela dura rotina talvez pudesse ter me influenciado a escolher outra profissão. Eles trabalhavam muito mesmo.

Sempre tive os melhores ensinamentos, estudei em escola conceituada na cidade e gostava de ser considerada uma aluna aplicada, gostava do reconhecimento em minhas notas.

Com 15 anos consegui meu primeiro emprego. Nossa, como era importante isso para mim, era secretária numa loja de informática, logo fui chamada para um estágio no banco e foi uma grande experiência na minha vida, aprendi muito. Tem uma frase que jamais vou esquecer, dita por um gerente: "Você vai saber a importância de dizer um bom-dia para as pessoas". Logo vieram os vestibulares e a faculdade. Escolhi o curso de Administração e logo no início comecei a empreender, vendia produtos de venda direta em revistas como Avon e Natura e decidi vender lingerie como consultora, nos horários vagos entre o banco e a faculdade, e nesses ambientes também. O tempo era bem pouco para atender as clientes e levei ao dono dos produtos que eu vendia a ideia de abrir uma loja com o nome da marca na cidade em que eu morava, Ceres, interior de Goiás, já que a fábrica ficava a apenas 50km de distância, queria que preferissem comprar de mim.

Meu pai, muito conservador e por já ter se decepcionado muito com o empreendedorismo, não concordava com essa ideia, achava que era muito arriscado, e até entendo o posicionamento dele, de me proteger de um fracasso naquele momento. Então, com apenas R$ 800,00 que tinha de reserva abri a primeira loja. Claro que comprei alguns itens a prazo e assim inauguramos a primeira loja. Que desafio! Durante ainda seis meses continuei no banco, mas chegou uma época em que já não dava para conciliar, então fomos cuidar diretamente da loja. Muitas ideias foram surgindo, então ajudei uma amiga a abrir uma loja como a minha em outra cidade e logo depois decidi abrir mais uma unidade na cidade de Jaraguá, cidade também no interior de Goiás, que fica a 50 km de Ceres. Fase desafiadora, tive de interromper a faculdade por um ano para me dedicar à loja devido à distância, já que a faculdade também era em Rubiataba.

Com dois anos com a nova loja, a vendi e a mudei para Itapaci, também no interior de Goiás, mudança que facilitaria minha logística inclusive para ir à faculdade. Em 2009, já com cinco anos empreendendo, fiz uma viagem para a praia e voltei com mais ideias, como fabricar umas peças de biquínis para vender de maneira separada a parte de cima da parte de baixo, já que essa era uma dificuldade na hora de vender o conjunto de biquíni e dar certo no tamanho das mulheres. Parei para pensar um pouco, pois o conjunto de lingerie eu comprava o conjunto e, se a consumidora pedisse somente o sutiã, eu vendia e colocava a calcinha como avulsa, mas o biquíni não dava devido às estampas e cores. Então comecei do zero, não sabia nada do ramo e fui atrás.

Em Goiânia conheci pessoas que me ajudaram muito a entender sobre os tecidos, como fazer modelagens, e várias dicas que uma iniciante precisava saber. Nasceu assim a Acqua Bronze. Fizemos as primeiras peças e começamos a vender somente nas minhas duas lojas, nesse momento queria sanar a dor das minhas clientes em conseguir encontrar um biquíni que seria mais adequado ao seu formato de corpo. E olha que foi sucesso, as pessoas se identificaram com esse formato que ainda não era conhecido, algumas amigas lojistas ficaram sabendo e começaram a revender nossos produtos. Tive muito trabalho para desenvolver e ajustar todo o processo, sempre buscando inovar e aperfeiçoar o trabalho como um todo. A cada dia uma nova estratégia, aumentamos a produção gradativamente e fomos expandindo nossas vendas dentro de Goiás e também para outros Estados através de representantes. Montei ainda a loja de atacado a pronta entrega em Goiânia.

O ano de 2018 foi um marco na minha vida, enfrentei uma mudança na loja de Ceres, que passou a ter o nome da nossa marca, Acqua Bronze. Após nove anos de existência da marca e 14 anos da loja, mudamos a arquitetura da mesma e tivemos muito trabalho para comunicar essa mudança para as pessoas. Hoje vejo a empresa crescendo e dando passos audaciosos, o mercado não espera, se deixarmos ficar sem mudanças, inovações, ele nos atropela. Minha cabeça é mirabolante, tenho ideias todos os dias, coitado de quem fica mais próximo de mim, porque quando começo a pensar nelas quero discuti-las com alguém e ver o posicionamento, para ajudar a caminhar na mesma direção ou mudar os planos, mas sou teimosa, não desisto fácil.

A Acqua Bronze nasceu da ideia de ajudar pessoas a encontrar o biquíni ideal e satisfazer seus sonhos e necessidades e sempre busquei estudar sobretudo na área de moda praia, até hoje participo de muitas feiras e eventos, cursos na área de empreendedorismo, desenvolvimento de coleção, e muitas pesquisas.

Hoje paro e começo a refletir sobre todo esse início de trajetória e o que tenho a dizer é: "Empreender é desafio, é começar a estudar sobre a área, mas além de estudo é preciso executar, colocar para acontecer, não pode ficar somente nos planos, claro".

Para enfrentar a minha rotina bastante dinâmica, tenho vários *hobbies*, e um deles é empreender, sou apaixonada pelo que faço, mas gosto também de viajar, de ser útil para as pessoas, gosto de

Vanessa Costa

ser colaborativa. De coisa boa todos nós gostamos, comida boa, viagem boa, passeio bom, estar com amigos, momento de qualidade com a família.

Minhas inspirações na vida sempre foram pessoas que me transmitiram respeito, audácia, lealdade e honestidade, nem sempre as tenho seguido, mas sempre aprendi algo com elas que deixaram algum marco na minha história. Ninguém é perfeito, mas cada um tem sua essência. Às vezes me perguntam em qual marca me inspiro, não costumo seguir inspiração de uma marca, sigo a tendência mundial e a Acqua Bronze tem características muito fortes da minha própria essência, pois participo desde a criação até a parte comercial.

Ser uma mulher à frente de uma empresa é desafiador, passo por situações que nos deixam dúvidas se realmente estão acreditando em mim. Mas sempre levo isso como desafio para mostrar o meu melhor. Algo que sempre contribui muito comigo na minha trajetória é ter sede por querer aprender sempre mais, meu início como empreendedora foi através de pesquisas e audácia. Ter pessoas que possam contribuir com experiências e ideias é muito gratificante, pois surge uma infinidade de oportunidades que não sabemos se vão dar certo ou não e tem pessoas que o ajudam a ver por outro ângulo. Sempre fui uma pessoa mais retraída e tímida, tinha dificuldade de iniciar uma conversa, esperava que a outra pessoa desse o primeiro passo e todos os dias tenho buscado mudar isso, pois estar em contato com pessoas significa muito para nossa vida. Ouvi uma frase que tenho buscado sempre colocar em prática: "Até onde sua cara de pau vai te levar". Sim, temos momentos em que ficamos na dúvida se devemos dar um oi ou um bom-dia e iniciar uma conversa, pois não sabemos como será a recepção da outra pessoa, mas o não eu já tenho, então é preciso enfrentar.

Ser mulher, mãe, filha, esposa, empreendedora e, claro, uma infinidade de atividades que fazem parte do nosso legado, significa ter muita garra para conquistar e conseguir dar o melhor de mim. Cobrava muito de mim quando precisava me ausentar e não ter bastante tempo para os filhos, hoje Manuella tem seis anos e Théo dois anos, mas consegui mudar minha concepção quanto a tudo isso, pois estou buscando o melhor para eles também e criando-os para a vida e não para ficarem somente comigo. Quero que me vejam como uma mãe que tem muito amor e carinho para estar com eles, mas quero também servir de inspiração para eles na vida, para saberem que é preciso ir atrás, é preciso executar, que nada vem para nossa vida se não buscarmos com nossas forças. A cada dia vejo menos sofrimento neles e em mim quando não posso estar presente, mas tento organizar sempre minha agenda para ter tempo de qualidade com eles. E eles participam, amamentei o Théo por oito meses e o levava comigo para onde eu ia.

Anos atrás, quando iniciei a empreender, o mercado era menos competitivo, as informações eram mais escassas e de mais difícil acesso, e hoje o mercado está cada vez mais acelerado, as pessoas têm acesso mais rápido e a mais informações e nesse contexto temos que nos reinventar diariamente, buscando novas estratégias, novas oportunidades, novos desafios para ser diferente e conquistar a cada dia o nosso espaço. Isso é empreender. Com tantos desafios e tarefas, o nosso tempo também está reduzido, pois nossas atividades aumentaram e precisamos nos adequar para não perdermos a essência do que construímos até hoje.

Saber que você está num cargo pela sua conquista no espaço em que vive é magnífico, pois existem cargos no mercado de trabalho que são destinados ao sexo masculino, mas pela força que nós mulheres temos exercido isso tem mudado e tenho muito orgulho de fazer parte dessa parcela de mudança. Saber que a cada dia que passa poderemos ter mais e mais mulheres ocupando cargos de liderança é ter certeza de que a credibilidade e todo o esforço têm valido a pena.

Sei que minha jornada está apenas começando, tenho ainda muita estrada pela frente. Futuro? Sim, tenho planos, tenho projetos, tenho sonhos e quem não tem, né? Mas o nosso maior plano é ser bem-sucedida como mãe, como esposa, como líder, como filha, como empreendedora, esse é meu maior sonho e sei que terá de

Vanessa Costa

ser conquistado dia após dia, pois Deus nos dá o caminho, mas nós devemos arregaçar as mangas e chegar lá. Usamos as estratégias para fazer planos, mas se esses não funcionarem temos que mudá-los até chegar o momento em que acertarmos e tenhamos sucesso. Sucesso... essa é uma palavra que todos nós almejamos.

Se você que está lendo este livro hoje é uma mulher, é estudante e pretende ser empreendedora, quero lhe dizer uma coisa: ser mulher já é uma dádiva e ser empreendedora então é uma conquista enorme, gostar do que se faz é gratificante e poder contribuir com outras mulheres mais ainda. Não vai ser fácil, como nada nesse mundo é, mas acredite no que você deseja e execute. Ter garra, força e dedicação são os primeiros passos que você terá que dar e não desistir do seu sonho, busque informações, estude, participe de eventos, faça *networking*, colabore, e será uma mulher e empreendedora realizada e de alta performance.

24

Veruska Toledo

Você é fruto de suas escolhas

Veruska Toledo

Formada em Análise e Desenvolvimento de Sistemas, 20 anos de carreira no setor público e privado. Atualmente empresária, atuando no ramo de fotografia desde 2012.

Palestrante de grandes congressos de fotografia como Newborn Photo Conference e Wedding Brasil, Congresso Revolution. Já realizou oito exposições nos maiores shoppings de Goiânia. Seu trabalho já foi apresentado nas emissoras SBT, Record e em revistas de grande circulação. Fotógrafa versátil em seus estilos para grávidas: Lúdico, Tradicional, Subaquático, Splash (Color Inmove), Técnica com Tecidos (Moulagismo) fazem parte do seu quadro de criatividade e novidades.

Proprietária de um dos maiores estúdios cenográficos de fotografia do Estado de Goiás e do Instituto de Treinamento Veruska Toledo.
Contatos:
Instagram: @veruskatoledo_fotografia

www.veruskatoledo.com.br

Decidi ressignificar meus pensamentos, encontrar meu propósito de vida e viver na plenitude do agora. Meu nome é Veruska Toledo, nasci em Goiânia, Goiás, filha mais velha de três irmãos, vim de uma família humilde, e nos momentos em que sou instada a falar de minha trajetória recordo-me da infância. Morávamos em um barracão, na casa de minha avó paterna, tempos depois, meus pais adquiriram a casa própria com a ajuda de uma herança da avó materna. Na infância, tínhamos muitas dificuldades financeiras, ao ponto de me lembrar da felicidade de minha mãe ao receber uma cesta de alimentos trazida pelo meu falecido avô paterno: lágrimas corriam em seus olhos. Cena esta que jamais irei esquecer!

Ao contar minha experiência de vida, atrevo-me, de alguma forma, a incentivar o seu crescimento pessoal e profissional, despertando a vontade de empreender, sendo você jovem ou estando em qualquer momento de sua vida.

Por volta de meus dez anos, lembro-me de mamãe ter iniciado uma nova vida através de um comércio na porta de casa, o que melhorou um pouco nossas condições. Nessa época, obtive meus primeiros ensinamentos sobre negociações, na prática, pois minha mãe fazia sucos congelados. Eu e uma equipe de meninos enchíamos as caixas de isopor com os produtos e saíamos para vendê-los. Experiência incrível! Queria eu ter aproveitado mais essa oportunidade.

Hoje percebo que as conexões que fazia, e as vendas maiores do que a dos meninos tinham tudo a ver com gatilhos mentais tão utilizados no meio do empreendedorismo nos dias atuais.

Sempre estudei em escolas estaduais, e certa vez mamãe conseguiu me colocar em um cursinho de datilografia, posteriormente de digitação. Em breve meu professor diria que eu tinha habilidade para computadores e que seria uma analista de sistemas. Hoje, entendo que pessoas podem influenciar sua vida, sua maneira de pensar; podem incentivá-lo, e quando você não sabe para onde vai o lugar que lhe propõem pode ser uma opção, um caminho.

Ser diferente

Na infância me sentia diferente de outras crianças, não queria brincar como elas brincavam; tinha muita vergonha e sempre queria estar em uma sala diferente da que estava, queria uma série mais adiantada. Conto esse fato não por me achar melhor ou mais inteligente, mas porque quero evidenciar a vocês que sentia muitas dificuldades de me relacionar com as pessoas. O medo, as crenças, os tabus eram constantes em minha mente, me percebia insatisfeita com a vida que estava vivendo, mas não sabia por que me sentia assim e se isso iria um dia mudar. Ainda bem que tive solução!

Anos depois, aos 17, tentei entrar em algumas faculdades, mas não tive sucesso. Confesso que não me lembro em qual profissão havia tentado me engajar, talvez porque não estava claro para mim o que queria ser e isso não era algo discutido em meu lar. Lembro-me que as tentativas foram frustradas, mas logo em seguida surgiu em Goiânia uma nova universidade. Quando vi os cursos que seriam ministrados, só um me fez lembrar do que haviam plantado em minha mente alguns anos atrás: o curso de análise de sistemas. Percebi nesse momento a oportunidade de conquistar o sonho de mudar de vida, de sair da escassez.

Disseram-me que era a profissão do futuro, quis acreditar nisso e entrei de corpo e alma. Iniciei a faculdade com a preocupação de não conseguir financiá-la, e meus pais teriam de se esforçar muito para conseguir me manter naquela instituição. Na época isso me preocupava muito, porém, achava que se não me consolidasse para aquela oportunidade talvez não a teria novamente; me sentia longe de conquistar uma universidade federal, e até mesmo uma particular. Era minha única chance! Isso tudo me fez lembrar a série *Espartacus*, na qual os gladiadores tinham um objetivo para lutar, queriam conquistar a liberdade, então o faziam ferozmente. No segundo período de faculdade, consegui meu primeiro estágio, por ser um curso de tecnologia, na época não se exigia ter pelo menos quatro ou cinco períodos concluídos para se ingressar na lista de estagiários, então busquei com unhas e dentes oportunidades, pois sabia que em poucos meses meus pais não conseguiriam mais me financiar, e essa suspeita se confirmou com exatos seis meses iniciais do curso. Consegui investir no restante dos estudos através de dois estágios: um matutino, outro vespertino. Estudava à noite e depois da meia-noite passei a fazer bombons, assim conseguiria me manter estudando. Hoje fico pensando: como consegui fazer tudo isso? Era muito cansativo, mas algo me movia, eu tinha um objetivo. No momento em questão, eu dizia que queria vencer na vida; mal entendia o que era ser "bem-sucedido", mas minha alma tinha sede de coisas e sensações jamais vistas ou sentidas por mim.

    Voltando um pouco nessa história, me deparei com uma situação que mexeu muito comigo e, até uns seis anos atrás, me incomodava: ao passar na faculdade eu fiquei muito contente, sabia que não era o que desejava, mas quem nunca almejou ou pensou em uma universidade federal? Sabia de meus limites e entrar nessa faculdade me fazia pensar que as circunstâncias de dificuldades e escassez poderiam mudar, pelo menos eram os pensamentos da época. Então, muito contente, passei a divulgar minha alegria. Porém, em um belo dia, recebo uma carta de umas 12 páginas de um tio que admirava muito. Ele era o único da família inteira que havia entrado em uma faculdade e que havia se formado. Eu era a segunda da família a conquistar esse privilégio, minha avó paterna tinha três filhos sem graduação e minha avó paterna seis filhos nessa mesma situação; os primos mais velhos também não tinham ingressado em um curso superior. A carta foi uma balde de água fria. Achei que ele estaria me parabenizando, corri para abri-la, pois me disseram que era desse tio tão admirado. Pense na frustração de ler que ele achava que eu tinha de ser menos egoísta, olhar para as dificuldades dos meus pais, que eram grandes, a ponto de não ter o que comer. Confesso que naquele momento quase desisti, mas uma força interior me trouxe a vontade de mostrar que eu conseguiria, que não iria depender deles por muito tempo, que eu retornaria tudo que haviam feito por mim, e assim prossegui.

Tinha duas escolhas: desistir ou continuar. Recentemente li um livro com o título: *Eu Sou as Escolhas que Faço*, de Elle Luna. Eu tinha de resolver o dilema entre o que o mundo esperava de mim e o que o mundo queria de mim. Certa vez, aprendi que nesse mundo eu teria aflições, mas que se tivesse bom ânimo eu venceria. Dificuldades existem, cabe a nós ressignificarmos nossos pensamentos e irmos adiante.

Meu esposo sempre foi parte fundamental para diminuir um pouco as dificuldades do dia a dia entre diversos ônibus, idas e vindas entre trabalho e faculdade, sem sua ajuda chegaria mais tarde em casa e não conseguiria fazer os bombons para vender que tanto me ajudaram. Abrindo um parêntese aqui, esses doces foram muito representativos. Meu pai, ao ver meu esforço com dois estágios e ainda a fabricação caseira dos bombons, decidiu aprender a confeccioná-los e assim poder me ajudar. Quando chegava da faculdade, praticamente tinha que embrulhar e fazer a finalização em alguns. Sim, ele se doou, se dedicou por mim. Como me recordo disso! Como essa atitude foi importante! Ajudou-me a ver que havia pessoas do meu lado, querendo me ajudar da maneira que conseguiam. Lembro-me até hoje dessas imagens em minha memória. Como um homem se disponibilizaria a me ajudar, fazendo um trabalho manual como aquele? Ele demonstrou uma ótima habilidade, aqui adquiri mais uma peça do quebra-cabeça da minha história: a resiliência, flexibilidade, tudo isso na prática e com grande dose de amor.

Poderia aqui escrever horas sobre três pessoas fundamentais para o meu sucesso: Pai, Mãe e Esposo. Como não ser grata? Aprendi que a gratidão é a virtude das almas nobres. Gostaria de ter só um pouquinho dessa nobreza que vocês têm. Vocês são incríveis! Estiveram o tempo inteiro do meu lado, não saíram nenhum minuto; lembro-me de tudo, de cada detalhe. Ao escrever estou revivendo muitas sensações, e deles só guardo o melhor. Se de alguma forma eu puder contribuir para sua vida, leitor(a), e se pudesse dar uma única dica, diria para você estar perto de pessoas que o amam. Dê valor a essas pessoas. Elas serão as únicas a estarem com você em seu fracasso ou sucesso. Elas sempre estarão lá, da maneira delas, do jeito delas, mas estarão lá. Não se sujeite ao egoísmo, egocentrismo e jogo de interesses das pessoas.

Sobre empreender, percebi que sempre esteve presente em minha vida. Ao ver meus pais sendo comerciantes, ao me ver vendendo bombons nos estágios e na faculdade. Sempre quis mais. Hoje entendo perfeitamente sobre esse sentimento. É o que me move: não aceitar tudo como está, ousar mais, buscar mais, fazer mais. Esse desconforto me gera vontade, a qual reflete em minhas atitudes e gera ações. Grandes mestres foram assim. Se aqui posso lhe dar outra dica, diria que é necessário você se modelar, é necessário se reinventar. Pessoas bem-sucedidas existem em diversos lugares e resolvi me conectar a algumas.

O sucesso, na minha opinião, não é só obter coisas, mas na essência influenciar pessoas a serem melhores. Sim, tenho diversos homens e mulheres que me inspiram. Poderia aqui citar uma página deles, porém, citarei uma pessoa que está comigo há 11 anos, babá de minhas filhas, atualmente copeira do estúdio fotográfico que tenho. Ela me inspira todos os dias. É inspirador ver sua garra, sua força de vontade, mesmo perante as dificuldades de ser uma pessoa analfabeta, com problemas financeiros, mas nunca a vi reclamando. Tristeza? Poucas, senão raras vezes a vi triste. Pessoas assim, do dia a dia, pessoas reais são sempre inspirações.

Uma frase que tem martelado em minha cabeça recentemente: "Os dois dias mais importantes da sua vida são o dia em que você nasce e o dia em que descobre porquê", de Mark Twain, escritor. Quando você descobrir, vai ficar difícil, senão impossível pensar

Veruska Toledo

em outra coisa. Talvez você não queira descobrir ou talvez não descubra, mas te digo que é uma jornada maravilhosa, afinal seguir sua paixão "não tem preço", mas tem um preço. Toda essa reflexão me fez lembrar de um filme a que assisti na minha infância, *O Mágico de Oz*. Minha parte favorita no filme é quanto Dorothy, a personagem principal, e seus amigos descobrem que o poderoso mágico não era nada além de um simples homem puxando alavancas atrás de cortinas. A especialidade dele talvez fosse influenciar pessoas, fazendo-as acreditar no imaginário, melhor do que fazer mágicas, algo citado por ele no filme como uma atividade que não fazia bem, no entanto, embora como mágico fosse ruim e sem poderes sobrenaturais, conseguiu fazer com que os personagens da história percebessem que o que desejavam estava dentro deles próprios.

Muitas vezes acreditamos que só o outro tem as respostas que buscamos, mas nós podemos encontrá-las através do autoconhecimento, busca interior, estudos que nos levam a reflexões do nosso eu, da nossa identidade, nosso propósito. Quando estava fazendo faculdade quis desistir diversas vezes, mas os objetivos que tracei eram mais fortes do que meu próprio querer momentâneo. Nesse período, lembro-me das dificuldades que eu e meu esposo passamos, pouco saíamos. Chegávamos a dividir hambúrguer para economizar, estávamos movidos pelo desejo de adquirir nossa casa, então assim o fizemos. Álvaro comprou um lote com muito sacrifício, e em conjunto financiamos o início da construção. Eu tinha 18 anos e ele 19 na época. O que nós dois na época recebíamos juntos não totalizava três salários mínimos, lembrando que eu tinha o valor da faculdade inserida no nosso orçamento. Hoje penso que tenham acontecido alguns milagres, ou talvez com a vontade de conquistar esses objetivos fazíamos multiplicar os valores que recebíamos.

A força de vontade e a garra que tinha para conquistar o que desejava me fizeram galgar novos lugares na profissão e a cada dois anos conquistava melhores posições. Continuei estudando. Até meus 29 anos havia me graduado e quase concluído três pós-graduações. As dificuldades e a escassez de recursos estavam sendo vencidas, estávamos conquistando bens, sempre com muito esforço e dedicação. Quantas pessoas que foram mais pedras do que diamantes. Costumo dizer que não é a genialidade que realmente conduz ao sucesso, mas uma combinação profunda de paixão e perseverança. Nessa época, não tinha paixão pela profissão, a executava com primazia, mas não era uma paixão, o que estava no meu coração era mais forte, a vontade de conquistar, de "ser alguém", de ter reconhecimento falavam mais alto em minha mente, ardiam mais forte em meu coração.

Mudanças

Tornei-me gerente de projetos de grandes empresas. Na época meu nome era trabalho. Aos 29 anos minha primeira filha chegou, sem planejamento primário, pois estava totalmente envolvida nos projetos profissionais. Nicole, desde que descobri que estava grávida, foi muito amada, desejada. Três anos mais tarde chega Manuela, minha segunda filha. Nesse período estava me sentindo triste, desmotivada, pois o trabalho me consumia grande parte do tempo e eu já não estava mais conseguindo ter meu momento com minhas filhas. Tive depressão e percebi que precisava mudar o rumo de minha vida, recomeçar, essa foi minha opção. Confesso que não foi fácil buscar novas oportunidades, tudo em prol de estar mais próxima delas. Para vencer a doença, busquei algo que pudesse me dar prazer, logo pensei na fotografia, algo como *hobby*; engano meu, mais tarde viria a ser a mais nova profissão a ser conquistada. A decisão de largar tudo e recomeçar me custou um alto preço. Foi necessário vender bens, carros, me restando voltar a me locomover com o transporte coletivo, me senti muito mal, eu que sempre viajava, palestrava, orientava, estava ali, começando tudo novamente.

Certa vez recebi profissionais da área de vendas de imóveis para me desfazer do último bem que ainda nos restava, nossa casa, nosso lar. Naquele momento algo interior me fez voltar atrás, uma força veio sobre mim, e decidi que não iria fazer aquilo, iria reconquistar tudo que tinha sido levado. Olhei para os céus e disse: "Deus, não me permita passar por isso! Simplesmente quero ser feliz!" Voltei a trabalhar provisoriamente na profissão de formação, comecei a conciliar os serviços fotográficos e cursos sobre o assunto. Fui bem intensa, não parava, começava um treinamento, entrava em outro, e não recusava nenhum cliente que aparecesse, e eles estavam aparecendo, a ponto de estar novamente sem condições de dar atenção ao meu lar. Decisões nunca são simples, fáceis, são sempre algo que gera transformação, a transformação gera dor, e no final os resultados aparecem.

Recomeçar

Iniciar em uma profissão desconhecida que também estava em seu início demandou muito estudo. Era um nicho bem específico. Tinha que rapidamente buscar *know-how* no assunto, me especializar. A fotografia de grávidas estava bem alinhada com esse nicho, então procurei ser diferente dos que já fotografavam as gestantes, percebi que não tinham estúdio físico. A grande maioria registrava esse incrível momento em parques e locações externas. Essa foi a oportunidade de fazer diferente. Abri mão de nosso lar para receber clientes, fui criando cenários, adaptando minha casa, que se tornou o primeiro estúdio cenográfico da região, título e serviço que me deixaram em um patamar confortável perante a concorrência.

Abrimos o leque de opções buscando abranger vários estilos e gostos distintos. A busca é intensa, as mudanças são diárias. Hoje me sinto como referência, exemplo para tantas mulheres que buscam seu lugar, seu espaço. Acredito que é possível buscar nichos e subnichos em diversas áreas. É possível conquistar! É possível encontrar o sucesso extraordinário, no qual considero ser e estar feliz no que se propuser a fazer. O que posso deixar como reflexão para vocês é que é possível! Sorte? É a junção de oportunidade e preparação. Busque conhecimento, invista na parte intelectual, as oportunidades podem surgir, você as pode encontrar, mas, se não estiver conectado com o surgimento delas, elas passarão.

Atualmente recebo clientes de todas as partes do Brasil. A empresa é referência na fotografia de recém-nascidos da região.

Atendo alunos em meus cursos presenciais, que se deslocam horas para estarem no estúdio, tudo fruto de muito esforço, dedicação, ousadia.

Mulheres, sejam ousadas! Hoje temos em nossas mãos ferramentas poderosíssimas, como as mídias sociais com as quais, através de certo conhecimento em relação a elas, podemos atrair interessados em seus produtos e serviços. Não olhem somente para as circunstâncias econômicas. A sua força interior pode avassalar territórios, nações. Se pudesse dar dicas sobre empreender, diria a você para buscar saber sobre novas leis que estão surgindo, profissões novas que estão emergindo, o início de algo é mais confuso, mais limitado, porém, pode deixá-lo ser o primeiro, talvez o único. Busque algo que lhe dê prazer, satisfação, pois você necessitará de muito empenho, muitas horas de conexão com seu negócio. Costumo dizer que o empreendedor vive e respira seu negócio todas as horas do dia. Corpo, alma e espírito balanceados lhe trarão agradáveis resultados, e o que for fazer faça com muito amor.

Veruska Toledo

25

Viviane Inácio
Brandão de Almeida

Como uma fênix

Viviane Inácio Brandão de Almeida

Empresária e graduada em Direito, alcançou 23 anos de experiência na indústria cosmética, atuando desde o setor de envase à diretoria. Nascida em Goiânia, é filha única de um casal referência em aspectos morais e éticos. É mãe de três filhos: Larissa, Rafaela e Miguel, tendo-os como orgulho e motivação.

Atualmente, é diretora executiva da Natu Charm, onde concentra forças para gerar oportunidades de negócios com excelência e empatia, auxiliando na independência financeira de seus clientes.

Mantém-se atualizada através de leituras de artigos e da participação em feiras anuais na área, seguindo as tendências mundiais.

Contatos:

Instagram: @natucharm

Site: natucharm.com.br

Luto, tristeza, incertezas, solidão e choro. Foi em meio a esses obscuros sentimentos que me encontrei como empreendedora.

No dia 17 de abril de 2012, aproximadamente por volta das 7h20 da manhã, recebi uma ligação da Polícia Rodoviária Federal comunicando a morte do meu esposo e sócio em um acidente. Desde então, concentrei minhas forças em desenvolver minhas habilidades no mundo dos negócios.

A empresa foi fundada em novembro de 1994 pelo meu pai e meu esposo (falecido). Depois de alguns anos, adquirimos as cotas referentes à parte societária do meu pai, que se manteve nos bastidores.

Liderar nunca foi algo que me passou pela cabeça. Eu achava que poucas pessoas tinham nascido para ser a locomotiva, e profissionalmente me considerava um vagão. Assim, a possibilidade de liderar uma equipe era algo que me trazia muito desconforto.

Por vários anos fui levada a acreditar que não era capaz. Meio que inconscientemente, internalizei esse sentimento de impotência empreendedora e liderança.

Acredito que muitos leitores possam se identificar com minha antiga crença limitante, que me mantinha desacreditada e aparentemente impotente, incapaz de fazer algo significativo e grandioso.

Com o passar do tempo descobri que prosperidade é coisa que se sonha e riqueza é coisa de quem busca. Se você não acreditar no seu potencial, mais ninguém terá capacidade de enxergá-lo.

Já observaram o peso das considerações que as pessoas mais próximas têm a respeito do nosso potencial? Assim que perdi meu marido, a maioria das pessoas do meu convívio não acreditou que eu teria a capacidade de tocar a empresa sozinha.

Pronto, era exatamente a mola impulsionadora que eu precisava para que girasse o botão e, imediatamente, confiasse em mim como mulher, como profissional e com um universo inteiro de possibilidades, de pesquisa, desenvolvimento, envolvimento, comprometimento e, acima de tudo, confiança em um Deus que não nos desampara.

Eu tinha duas opções: jogar o pano e mergulhar em uma maré de depressão, me vitimizando e, consequentemente, levando a empresa ao caos financeiro, ou tomar as rédeas da situação, me cercar de conhecimento, colocar minha identidade na empresa e conduzir as rédeas do meu negócio e da minha família.

Foi exatamente o que fiz.

Desde então, concentrei minhas forças em desenvolver habilidades necessárias ao mundo dos negócios, oferecendo produtos de excelência, que além de fortalecerem a marca geram credibilidade no mundo dos cosméticos. Creio que o investimento em tecnologia e inovação são as chaves do sucesso.

Minha formação acadêmica foi em Direito. Entretanto, diante do momento delicado e decisivo que estava vivendo, visualizei um universo de possibilidades, que poderiam me levar a desfrutar um projeto de vida, no qual o sucesso ou o fracasso dependiam exclusivamente das minhas escolhas e ações.

Um ponto extremamente relevante, que renovava minhas forças a cada amanhecer, era lembrar que tinha duas filhas que dependiam financeiramente e emocionalmente do resultado dos meus esforços e dedicação. Existe motivação maior? Não, não mesmo. Somente as mães que estão lendo este capítulo entenderão... (rsrsrs).

Lembre-se: "Na sua vida sempre haverá mais juízes que torcedores".

Independentemente da situação, faça por você e para você. Se houver dedicação, perseverança e fé, o resultado será positivo e alcançará todos que você ama.

Acredite! Muitos sucessos são criados nas cinzas.

Viviane Inácio Brandão de Almeida

26

Wanessa Fonseca

Blue eyes

Wanessa Fonseca

Professora, palestrante, *coach*, escritora e consultora empresarial. CEO da Sociedade Brasileira de Coaching – Unidade Goiânia. Pratictioner em PNL – Sociedade Brasileira de Programação Neurolinguística.

Especialista em Gestão de Pessoas com formação em Coaching Aplicado;

em Gestão Estratégica Financeira, Empresarial, Bancária e Pessoal;

Positive Coach, focado em Psicologia Positiva;

Personal & Professional Coaching;

Analista Comportamental DISC® INDEX.

Professora de graduação e pós-graduação nas áreas de Administração, Finanças e Empreendedorismo.

20 anos na área de Gestão de Negócios, com foco em planejamento, controle de processos, finanças e auditoria.

Palestrante com foco nas áreas de gestão, motivação, liderança e empreendedorismo.

Experiência no desenvolvimento de projetos na área de Tecnologia da Informação, ensino a distância e gestão do conhecimento.

Infância e adolescência

Aquela menina de cabelos cacheados e olhos castanhos, de personalidade forte e poucos amigos, também era tinha muitos sonhos e determinação. Ela brincava pelas ruas do bairro sempre pensando como seria seu futuro, mas, por mais que passassem em sua cabeça várias profissões, um estilo de vida diferente, o que a motivava era ter os olhos azuis. Sim! Os olhos azuis iguais aos do pai. Sabe aquele azul da cor do céu e do mar? Esse mesmo!

Cresceu em um lar vendo os pais trabalhando duro para construir a vida. Ambos tinham abandonado o Ensino Médio e se desdobravam para sustentar os dois filhos. Seu pai era vendedor: vendia de tudo um pouco; por vezes através de uma empresa, como empregado; outrora como autônomo. Já sua mãe era dona de casa, mas não gostava muito dos afazeres domésticos. Preferia ter contato com outras pessoas.

Aos seis anos viu seu mundo perfeito se desfazer com a separação dos seus pais. Ela via em seu pai um herói, que aos poucos foi distanciando-se. Desde então a vida não se mostrou tão fácil até alcançar a vida adulta. Sua mãe, sempre guerreira e para garantir o sustento dos filhos, começou a fabricar calcinhas. Essa mãe trabalhava sem descanso, de segunda a segunda, e ficava infindáveis horas naquela máquina de costura. Não havia reclamação por parte dela, carregava uma enorme mala nas costas, subindo e descendo de ônibus, e quando não tinha com quem deixar os filhos eles eram seus fiéis escudeiros em direção àquela banca na Feira Hippie de Goiânia.

Com os recursos cada vez mais escassos, os filhos aprenderam logo cedo a lutar pela sobrevivência. Quantas manhãs de domingo passaram naquela calçada esperando clientes para comprar as mercadorias, debaixo da lona azul para se proteger do sol que dava para cozinhar os miolos. Era cansativo, mas aquela menina se divertia e, como sempre gostou de ler, os clientes da feira chegavam a ofertar um dinheirinho como recompensa pelo belo feito. Acredito que o gosto pela leitura se deu nas inúmeras passagens pelo hospital. Enquanto se recuperava, entre uma enfermidade e outra, esse era o seu refúgio para um mundo mágico.

Tinha também seu irmão, um ano e meio mais velho. Ele era focado, gostava de desmontar tudo que via pela frente, só não sabia como montar depois, sobrava um monte de peças. Era ligado em TV, videogame e livros. Menino todo certinho, obediente, era o xodó da vovó. Como esses dois brigavam na infância, era só gritaria. Coisas de irmãos! Sua mãe sempre falava que o irmão era estudioso e que ela era inteligente e, se estudasse mais, tudo seria possível.

Sempre tirou boas notas nas escolas por onde passou e sonhava ser médica, ajudar as pessoas e salvar vidas. Aos 13 anos e entrando para o Ensino Médio quis cursar Técnico em Enfermagem, pensava que já seria um passo em direção à área da saúde que tanto a encantava. Como a escola era do outro lado da cidade, a mãe não permitiu que fosse sozinha de ônibus e acabou cursando o antigo Magistério, em local mais próximo de casa. Foi ali, nos estágios obrigatórios do curso, que descobriu o amor por ensinar. Poder compartilhar um pouco do que sabia para aquelas crianças de escolas municipais. Muito mais tarde, também descobriu que uma das maiores forças de caráter era o amor pelo aprendizado e que um dia a levariam para um voo maior em sua vida no empreendedorismo.

Sua jornada empreendedora se iniciou por volta dos dez anos movida pelo desejo de ter sua independência. Juntou-se com a prima e começaram a fazer elásticos para cabelo – as chamadas xuxinhas. Utilizavam as sobras dos tecidos da pequena confecção da mãe para produzir e saíam vendendo nos salões de beleza do bairro e na escola. Nessa época adquiriu certa familiaridade com as máquinas de costura, o que lhe abriu portas para o primeiro emprego de verdade. Foi quando aos 13 anos e com aquele mesmo desejo de conseguir recursos financeiros para facilitar o andar da vida que conseguiu uma oportunidade para trabalhar em uma confecção de roupas para bebê. Ficava o dia todo costurando e enrolando fraldas. A dor nos punhos no final do dia era insuportável, mas ainda precisava cumprir seus compromissos escolares. A determinação e a responsabilidade sempre garantiram a pontualidade em seus afazeres. O relógio despertava, já saltava da cama, tomava seu banho e saía caminhando em direção ao trabalho.

Relacionar-se com outras pessoas não era uma habilidade nata, entretanto, a responsabilidade e o comprometimento com todo tipo de serviço garantiam sempre bons resultados. Aos 14 anos, uma vizinha lhe ofereceu uma nova oportunidade. Agora de carteira assinada foi trabalhar como *office-girl* em uma indústria química, fazendo de tudo um pouco. Com o seu primeiro salário comprou uma jaqueta preta da Hard Rock Café, afinal, queria se sentir aceita no seu círculo de amizades. Teve contato com as áreas administrativa, financeira e de recursos humanos. Sempre teve afinidade com os números, estava gostando do que fazia e aquele desejo de ajudar as pessoas com a saúde foi ficando cada vez mais distante.

Adolescência e juventude

Que fase conturbada! Um misto de independência e rebeldia agora fazia parte da rotina. Desentendimentos com a mãe e o padrasto foram se tornando cada vez mais frequentes. Um namoro de adolescência quase roubou seus sonhos, mas os estudos sempre a fizeram voltar para os eixos.

Talvez mesmo sem perceber o que estava acontecendo, escolheu o curso de Administração. A cor predominante do curso? O azul da pedra safira. A cor desta pedra refere-se ao poder criador, e

Wanessa Fonseca

mais uma vez os olhos azuis ainda moviam suas escolhas. Cursando a faculdade de Administração, a facilidade em aprender todo aquele conteúdo multidisciplinar a encantava, mas o perfeccionismo e a excelência tornaram sua jornada solitária. Fazer trabalho em grupo era um tormento. Afinal, se quer algo bem feito faça você mesmo, não é verdade? Mas o universo sempre manda sinais do que precisamos evoluir.

A mensalidade da faculdade era maior do que o salário que recebia no atual emprego, então era necessário vender o vale-transporte para completar o valor e, assim, seguir em frente. Sem grana para pagar as cópias solicitadas pelos professores e para lanchar depois de uma jornada de oito horas de trabalho, ela precisava continuar. Mal sabia que a vida havia lhe reservado inúmeras surpresas. Algumas pessoas entraram em seu caminho para ensinar o valor de uma amizade. Doavam-se sem esperar nada em troca, dividiam o lanche e compartilhavam seus materiais de estudo. Gratidão é o sentimento que define a presença de Tânia e Maísa em sua vida.

Outra habilidade que precisava desenvolver era o bom humor, aí o Robson teve papel fundamental, sempre engraçado e falante arrancava boas risadas. Quem diria que alguém se tornaria especial enfiando o dedo no bolo da menina mais brava da sala? Esse foi o Wil, hoje sócio em seu escritório, que ensinou o valor de levar uma vida mais leve. Essa jornada não teria o mesmo sentido se não fossem esses verdadeiros anjos que deram força e auxiliaram quando as coisas se tornaram difíceis. Como forma de retribuição, começou mais uma vez ensinando os colegas em sala de aula, reforçando o conteúdo dado aos que tinham dificuldades e isso a mantinha firme e forte, mesmo sabendo que teria um longo caminho pela frente.

As notas no curso de Administração continuavam em alta e a inteligência social em baixa. O medo do fracasso e da rejeição assombravam seus dias. Ela precisava vencer a qualquer custo e realmente estava disposta a fazer isso acontecer. Durante uma dinâmica em sala a professora Dorothy exerceu papel fundamental ao colocá-la em uma situação que ela enxergava ser de vulnerabilidade e desconforto. Serviu de alerta para que despertasse a tempo e se reinventasse como pessoa.

Teve a oportunidade de trabalhar em grandes empresas, de vários segmentos, e exercia com mestria as atividades técnicas, mas as habilidades humanas deixavam muito a desejar. A partir de então, começou a assumir mais responsabilidades que a fizessem ter maior contato com as pessoas. Liderou então a comissão de formatura, mas ainda com um tom autoritário. Na ocasião da colação de grau, a universidade presenteava os melhores alunos do curso como reconhecimento pelo bom desempenho acadêmico. Até hoje se lembra da emoção que sentiu ao anunciarem, naquela noite de festa de formatura, o seu nome como ganhadora da bolsa de 100% para a pós-graduação. O auditório estava lotado, seus amigos gritavam seu nome e lágrimas escorriam pelo seu rosto, parecendo não acreditar no que estava acontecendo. De cima do palco ela buscava olhares familiares na multidão, mas as luzes ofuscavam sua visão. Ufa!! Que momento único.

Ainda como fruto do desempenho na organização da festa de formatura da turma, foi convidada a trabalhar na empresa de eventos que contratou. Foi uma época de trabalho exaustivo, trabalhava em um evento à noite e começava outro logo cedo pela manhã. Trabalhar com eventos era algo que lhe dava muito prazer e possibilitou colher os frutos de ser bem-sucedida no trabalho. Ocupando um cargo de gestão e com uma boa remuneração, resolveu tirar férias depois de quatro anos focada em trabalho. Os amigos de faculdade foram seus companheiros em uma viagem para Porto Seguro em dezembro de 2009. Foram momentos maravilhosos de diversão e descanso, mas como a vida sempre gostou de surpreendê-la, o melhor dos acontecimentos estava para vir. Seus olhos se encontraram com os olhos mais azuis que já pôde ver e naquele instante nascia uma história de amor e companheirismo. Rafael e seu primo, vindos de São Paulo, também resolveram passar as férias na tão sonhada cidade. Mas ele não se contentou apenas com o namoro das férias. Na semana seguinte, lá estava ele, em Goiânia, para passar o Natal. Foram seis meses de namoro à distância até que ele decidiu definitivamente o rumo de suas vidas. Prestou concurso, passou e mudou de cidade, deixando para trás tudo que tinha construído para recomeçar. Foram tempos difíceis e de muitas renúncias, mas eles tinham a certeza inabalável de que haviam nascido um para o outro.

Adulta

Em 2011 ingressou em um novo trabalho como gestora de planejamento, com o tempo foi conquistando seu espaço e assumindo mais responsabilidades. Assumiu também algumas disciplinas em sala de aula e lá estava ela trabalhando 14 horas por dia novamente. Depois de quatro anos, decidiu construir uma nova carreira que possibilitasse uma jornada de trabalho mais flexível e que desse condições de aumentar a família. Lembrou-se de que em uma das especializações havia estudado sobre Coaching e entendeu que poderia retomar o seu antigo sonho de ajudar as pessoas. Somente assim pôde, de maneira mais consciente, entender este universo de liderança, habilidades e competências, intensificando ainda mais os estudos nesta área. Desde então, o autoconhecimento se tornou uma prioridade.

Montou sua própria empresa de consultoria e serviços empresariais, onde se dedicou por três longos anos a tecnologia e educação, com o intuito de quitarem o apartamento e ela ter mais tempo disponível para a maternidade. Mais uma vez se via refém das longas jornadas de trabalho. Durante um ano tentaram engravidar, mas somente em março de 2017 a tão esperada notícia chegou. Essa alegria não pôde ser imediatamente compartilhada com a família porque a avó do marido havia falecido. Quando finalmente contou a todos, a alegria foi contagiante. O(a) primogênito(a) estava a caminho. Os primeiros meses de gestação foram muito desconfortáveis, levando-a a se afastar do trabalho. Nesse período, resolveu intensificar os trabalhos como *coach*, principalmente no atendimento à distância, atendendo *coachees* de várias regiões do país. Assim, trabalhava menos horas e, como conseguia gerar valor agregado para o cliente, o retorno financeiro era maior.

Após todos estes anos e períodos, entendeu aquela vontade em trabalhar na saúde: na verdade, era apenas uma forma que buscava para fazer algo pelo outro, pelo mundo. Pôde perceber, com mais experiência e maturidade, que poderia, a partir de então, ajudar as pessoas através do desenvolvimento humano, fosse com a docência ou com o Coaching, processo no qual acredita e respeita. Aquele bebê foi crescendo e o desejo de ter uma linda menina de olhos azuis também. No chá revelação a surpresa, novamente o destino colocava o azul no seu caminho. Era um menino! E vai ter o olho azul, ela dizia. Aquilo era tão forte em seu coração que o marido tinha medo que se decepcionasse. Mas Deus é fiel e nunca coloca um desejo no seu coração que não possa se cumprir. Então acredite! Se o desejo está aí, confie e siga em frente. Diante das adversidades, caia, levante e continue em frente.

O tão esperado dia de conhecer o Lucca chegou. Quando mãe e filho se encontraram foi amor à primeira vista. Era como ela sempre sonhara, loiro, dos olhos azuis como os de seu pai e esposo. Foram quase oito meses de dedicação exclusiva antes de voltar ao trabalho. Agora tudo era diferente.

Em meados de dezembro de 2018, com o um desejo enorme de trazer mudanças e inovação para seu Estado, iniciou como franqueada da maior escola de Coaching e desenvolvimento humano do Brasil, a pioneira no país. Mas ela não queria mais do mesmo. Queria algo diferente, porém, empreender em uma família de funcionários públicos, que têm como maior valor a segurança, é realmente desafiador. Entender que todos somos diferentes e teremos a oportunidade de escolher nossos caminhos tornou sua decisão mais leve. Não foi fácil fazê-los entender essa vontade que a motivava a querer sempre mais. Isso a fazia lembrar-se de um trecho da música *My Way*, do Blue Eyes mais famoso do mundo – Frank Sinatra.

Eu planejei cada gráfico do percurso

Cada passo cuidadoso ao longo do caminho

Oh, e mais, muito mais que isto

Eu fiz do meu jeito

Wanessa Fonseca

Hoje sua empresa valoriza as pessoas e reforça seus valores. Atua com o mesmo modelo de negócios do Google, permitindo que 20% da jornada de trabalho seja utilizada para promover o desenvolvimento profissional e pessoal dos colaboradores. Desta forma, oferecem cursos diversos e momentos de estudo para a equipe. Na tratativa com os clientes busca inovar e encantar com o modelo Disney de excelência em atendimento. Assim, todo esse amor pelo aprendizado e pelo processo de ensino-aprendizagem acaba sendo dividido com aqueles que doam seu tempo na construção da empresa. É uma maneira de colocar em prática o que acredita. Neste mesmo caminho de ressignificação e de novas chances e oportunidades, também nutriu o sonho de implantar um trabalho social. Este projeto busca dar uma nova chance para as famílias carentes através da capacitação das crianças em relação ao empreendedorismo com o auxílio de profissionais multidisciplinares para que seja possível a mudança da realidade destes pequenos através de um despertar, uma nova consciência; seja por meio de oficinas de ensino, de identificação de habilidades, da descoberta do que eles têm paixão por fazer; ou, ainda, por meio de atendimento médico e psicológico, trabalhando a autoestima e a dignidade para que criem seu próprio futuro.

Hoje, ao escrever esta história, que é a minha própria história, reflito muito sobre essa trajetória de prosperidade, determinação e otimismo. Aquela inquietação e rebeldia foram canalizadas para extrair o melhor de mim e dos outros. Percebi que no final dela os nossos caminhos se cruzam e nos tornamos uma só. Estar de fora, olhar para a minha história e ter a oportunidade de compartilhar com outras pessoas me torna ainda mais grata pelas conquistas, pela evolução, pela autoconsciência e pela autenticidade, porque nunca deixei de ser eu mesma.

Eu percebi em toda minha trajetória que aquela pequena menina de olhos castanhos jamais conseguiria ter os olhos azuis como os de seu pai, mas a força deste azul e a capacidade criativa inerente dos empreendedores foram cada vez mais se consolidando como uma característica pessoal. Como traçar um caminho empreendedor? Procure os seus olhos azuis, escolha as melhores estratégias, aja e, acima de tudo, crie seu próprio caminho alicerçado em sonhos e propósito e esteja pronto para ser a cada novo dia transformado por isso.

Se eu pudesse resumir em poucas palavras sobre o que eu aprendi até hoje, eu lhe diria: mesmo que você acredite não tenha nascido empreendedora, todas as habilidades podem ser desenvolvidas e treinadas através da prática e repetição. Vencedor de verdade treina antes de entrar em jogo!

Wanessa Fonseca

Editora Leader